HUMILHADO

JON RONSON

HUMILHADO

Tradução de
MARIANA KOHNERT

4ª edição

Rio de Janeiro | 2022

CIP-BRASIL. CATALOGAÇÃO NA PUBLICAÇÃO
SINDICATO NACIONAL DOS EDITORES DE LIVROS, RJ

R682h
4ª ed.

Ronson, Jon, 1967-
Humilhado: como a era da Internet mudou o julgamento público / Jon Ronson; tradução Mariana Kohnert. – 4ª ed. – Rio de Janeiro: BestSeller, 2022.

Tradução de: So You've Been Publicly Shamed
Inclui bibliografia
ISBN 978-85-7684-949-0

1. Internet. 2. Internet – Aspectos sociais. 3. Comunicação de massa – Influência. 4. Jornalismo. I. Título.

15-25526

CDD: 384.3
CDU: 621.39

Texto revisado segundo o novo Acordo Ortográfico da Língua Portuguesa.

Título original
SO YOU'VE BEEN PUBLICLY SHAMED
Copyright © 2015 by Jon Ronson Ltd.
Copyright da tradução © 2015 by Editora Best Seller Ltda.

Todos os direitos reservados. Proibida a reprodução, no todo ou em parte, sem autorização prévia por escrito da editora, sejam quais forem os meios empregados.

Direitos exclusivos de publicação em língua portuguesa para o Brasil adquiridos pela
EDITORA BEST SELLER LTDA.
Rua Argentina, 171, parte, São Cristóvão
Rio de Janeiro, RJ – 20921-380
que se reserva a propriedade literária desta tradução

Impresso no Brasil

ISBN 978-85-7684-949-0

Seja um leitor preferencial Record.
Cadastre-se e receba informações sobre nossos lançamentos e nossas promoções.

Atendimento e venda direta ao leitor
sac@record.com.br

Para Elaine

SUMÁRIO

1. Coração Valente 9

2. Ainda bem que não sou assim 20

3. Na natureza 41

4. Nossa, isso foi incrível 76

5. O homem desce vários degraus na escada da civilização 102

6. Fazendo algo bom 121

7. Jornada ao paraíso livre de humilhação 147

8. O workshop de erradicação da vergonha 168

9. Uma cidade em polvorosa pela prostituição e por uma lista de clientes 189

10. O quase afogamento de Mike Daisey 203

11. O homem que pode mudar os resultados de busca do Google 217

12. O terror 244

13. Raquel em um mundo pós-humilhação   251
   14. Gatos, sorvete e música   275
     15. Sua velocidade   287
Bibliografia e agradecimentos   295

1

CORAÇÃO VALENTE

Esta história começa no início de janeiro de 2012, quando reparei que outro Jon Ronson tinha começado a postar no Twitter. O avatar dele era uma foto do meu rosto. O nome de usuário era @jon_ronson. O tuíte mais recente, que surgiu enquanto eu encarava, surpreso, sua timeline, dizia: "Indo pra casa. Preciso pegar a receita de um enorme prato de sementes de guaraná e mexilhões no pão com maionese :D #delícia."

"Quem é você?", tuitei para ele.

"Assistindo #Seinfeld. Queria um prato enorme de aipo, garoupa e kebab com sour cream e capim-limão #guloso", tuitou o cara.

Eu não sabia o que fazer.

Na manhã seguinte, verifiquei a timeline de @jon_ronson antes de verificar a minha. Durante a noite, ele havia tuitado: "Estou sonhando com alguma coisa sobre #tempo e #pau."

Ele tinha vinte seguidores. Alguns eram pessoas que eu conhecia na vida real, que deviam estar se perguntando por que eu tinha subitamente me apaixonado por gastronomia *fusion* e me tornado tão sincero com relação a sonhar com paus.

Decidi investigar. Descobri que um jovem, ex-pesquisador da University of Warwick, chamado Luke Robert Mason tinha, algumas semanas antes, postado um comentário na página do *Guardian*. Foi em resposta a um vídeo curto que eu tinha feito sobre *spambots*. "Construímos um *infomorph* para Jon", escreveu ele. "Podem segui-lo no Twitter aqui: @jon_ronson."

Ah, então é algum tipo de spambot, *pensei. Tudo bem. Não tem problema. Luke Robert Mason deve ter achado que eu veria graça nisso. Quando ele souber que não gostei, vai tirar do ar.*

Então tuitei para ele: "Oi! Pode tirar do ar seu *spambot*, por favor?"

Dez minutos se passaram. Então ele respondeu: "Preferimos o termo *infomorph*."

Franzi o cenho. "Mas ele roubou minha identidade", escrevi.

"Nada disso", escreveu Mason de volta. "Ele está recondicionando dados de mídias sociais em uma estética de *infomorph*."

Senti um aperto no peito.

"#uhul nossa, estou afim de um prato generoso de cebolas grelhadas com pão crocante. #guloso", tuitou @jon_ronson.

Eu estava em guerra com uma versão robótica de mim mesmo.

Passado um mês, @jon_ronson tuitava vinte vezes por dia sobre seu turbilhão de compromissos sociais, suas "noitadas" e seu amplo círculo de amigos. Agora tinha cinquenta seguidores, que estavam recebendo uma amostra bizarramente irreal de minhas opiniões sobre noitadas e amigos.

O *spambot* me deixou com uma sensação de impotência e depressão. Minha identidade tinha sido redefinida de forma completamente errada por estranhos, e eu não podia fazer nada.

Tuitei para Luke Robert Mason. Se ele estava determinado a não tirar o *spambot*, talvez pudéssemos ao menos nos encontrar. Eu poderia filmar o encontro e colocar no YouTube. Ele concordou, escrevendo que ficaria feliz em explicar a filosofia por trás do *infomorph*. Respondi que com certeza me interessaria por aprender a filosofia por trás do *spambot*.

Aluguei um quarto no centro de Londres. Ele chegou com outros dois homens — a equipe por trás do *spambot*. Todos os três eram acadêmicos. Tinham se conhecido na University of Warwick. Luke era o mais novo, um jovem bonito, na casa dos vinte anos, um "pesquisador de tecnologia e cibercultura e diretor da conferência Virtual Futures", de acordo com o currículo on-line dele. David Bausola parecia um professor moderninho, o tipo de pessoa que poderia dar palestras em uma convenção sobre a literatura de Aleister Crowley. Ele era um "tecnologista criativo", e o CEO da agência digital Philter Phactory. Dan O'Hara tinha a cabeça raspada e olhos penetrantes e irritadiços. O maxilar dele estava contraído. Aparentava quase quarenta anos, e era professor de inglês e literatura americana na Universidade de Colônia. Antes disso, lecionara em Oxford. O'Hara tinha escrito um livro sobre

J. G. Ballard chamado *Extreme Metaphors* [Metáforas extremas] e outro chamado *Thomas Pynchon: Schizophrenia & Social Control* [Thomas Pynchon: esquizofrenia e controle social]. Até onde eu entendia, fora David Bausola quem de fato construíra o *spambot*, e os outros dois tinham oferecido "pesquisa e consultoria".

Sugeri que se sentassem um ao lado do outro no sofá, para que eu pudesse filmar todos em um único enquadramento. Dan O'Hara olhou pra os colegas.

— Vamos entrar na brincadeira — disse ele para os outros.

Todos se acomodaram, com Dan no meio.

— Como assim "entrar na brincadeira"? — perguntei.

— É uma questão de controle psicológico — respondeu O'Hara.

— Acha que colocar vocês um ao lado do outro no sofá é meu modo de exercer controle psicológico? — indaguei.

— Sem dúvida — afirmou Dan.

— Como?

— Faço isso com alunos — falou Dan. — Eu me sento em uma cadeira afastada e ponho os alunos enfileirados no sofá.

— Por que você iria querer exercer controle psicológico sobre seus alunos?

Por um instante, Dan pareceu preocupado por ter sido pego dizendo algo bizarro.

— Para controlar o ambiente de aprendizado — respondeu ele.

— Sentar assim lhe incomoda? — perguntei.

— Não, na verdade não — disse Dan. — Você está incomodado?

— Sim — respondi.
— Por quê? — perguntou Dan.
Fui direto.

— Acadêmicos — comecei — não entram na vida de uma pessoa sem serem convidados e a usam como um experimento universitário; e quando pedi para o tirarem do ar, vocês ficaram dizendo: *Ah, não é um* spambot, *é um* infomorph.

Dan assentiu. E se inclinou para a frente.

— Deve haver muitos Jon Ronson por aí, não é? — começou ele. — Pessoas com seu nome? Sim?

Olhei para Dan com desconfiança.

— Tenho certeza de que há pessoas com um nome igual ao meu — respondi, com cautela.

— Tenho o mesmo problema. — Dan sorriu. — Tem outro acadêmico por aí com meu nome.

— Você não tem exatamente o mesmo problema que eu, porque meu problema exato é que três estranhos roubaram minha identidade e criaram uma versão robótica de mim, e estão se recusando a tirar a versão do ar, embora venham de universidades de renome e sejam palestrantes do TEDx.

Dan soltou um suspiro impaciente e disse:

— Você está afirmando: "Só há um Jon Ronson." Está alegando ser o verdadeiro, e quer manter essa integridade e autenticidade. Certo?

Eu o encarei.

— Acho que *nós* estamos irritados com *você* — continuou Dan —, porque não acreditamos muito nessa sua ideia. Achamos que está tentando nos enrolar, e é sua personalidade on-line, a *marca* Jon Ronson, que quer proteger. Certo?

— NÃO, SÓ EU QUE TUÍTO! — gritei.
— A internet não é o mundo real — falou Dan.
— Eu escrevo meus tuítes — respondi. — E aperto "Enviar". Então, sou eu no Twitter.

Nós nos encaramos com raiva.

— Isso não é acadêmico — falei. — Isso não é pós-moderno. É um fato.
— Isso é bizarro. — Dan meneou a cabeça. — Acho muito estranho o modo como aborda a questão. Você deve ser uma das pouquíssimas pessoas que escolheram entrar no Twitter e usar o próprio nome como nome de usuário. Quem faz isso? E é por esse motivo que estou um pouco desconfiado de suas razões, Jon. É por isso que digo que acho que está usando isso como gerenciamento de marca.

Não respondi, mas até hoje me mata de raiva o fato de não ter passado por minha cabeça observar que o nome de usuário de Luke Robert Mason no Twitter é @LukeRobertMason.

Nossa conversa continuou daquela forma durante uma hora. Eu disse a Dan que nunca usei o termo "gerenciamento de marca" na vida. É estranho falar desse jeito, disse eu.

— E é o mesmo com seu *spambot*. A linguagem dele é diferente da minha.
— Sim — concordaram os três homens em uníssono.
— E é isso que está me irritando tanto — expliquei. — É uma representação falsa de mim.
— Gostaria que ele fosse *mais* como você? — indagou Dan.
— Eu gostaria que ele não existisse.

— Isso é bizarro. — Dan soltou um assobio de incredulidade. — Psicologicamente, sua reação é interessante.
— Por quê?
— É bastante agressiva — disse Dan. — Gostaria de *matar* esses algoritmos? Você deve se sentir ameaçado de alguma forma. — Ele me lançou um olhar preocupado. — Não saímos por aí tentando matar coisas que achamos irritantes.
— Você é um TROLL! — gritei.

Ao fim da entrevista, saí cambaleando para a tarde de Londres. Odiei colocar o vídeo no YouTube, porque tinha parecido muito resmungão. Eu me preparei para comentários debochando de minhas reclamações e postei. Esperei dez minutos. Então, com apreensão, olhei.

"Isso é roubo de identidade", dizia o primeiro comentário que vi. "Deveriam respeitar a liberdade pessoal de Jon."

Uau, pensei, com desconfiança.

"Alguém deveria criar contas alternativas no Twitter para todos esses palhaços babacas e postar o tempo todo sobre o quanto gostam de pornografia infantil", dizia o comentário seguinte.

Sorri.

"Esses caras são imbecis manipuladores", dizia o terceiro. "Fodam-se eles. Processe, acabe com eles, destrua-os. Se eu estivesse cara a cara com eles diria que são uns escrotos, porra."

Comecei a rir de alegria. Eu era Coração Valente, caminhando por um campo, a princípio sozinho, até que se torna claro que centenas vêm marchando atrás de mim.

"Idiotas cruéis e perturbados brincando com a vida de outra pessoa, e depois rindo da dor e da raiva da vítima", dizia o comentário seguinte.

Assenti com seriedade.

"Uns babacas totalmente irritantes", dizia o seguinte. "Esses acadêmicos desgraçados merecem morrer de forma dolorosa. O escroto do meio é uma porra de um psicopata."

Franzi o cenho de leve.

Espero que ninguém os machuque de verdade, pensei.

"Queimem os escrotos. Principalmente o escroto do meio. E principalmente o escroto careca da esquerda. E principalmente o escroto calado. Depois, mije nos cadáveres deles", dizia o comentário seguinte.

Venci. Em dias, os acadêmicos tiraram @jon_ronson do ar. Tinham sido humilhados até cederem. A humilhação pública fora como um botão que restaura as configurações de fábrica. Alguma coisa estava fora dos eixos. A comunidade se revoltara. O equilíbrio fora restaurado.

Os acadêmicos fizeram alarde ao erradicar o *spambot*. Escreveram uma coluna no *Guardian* explicando que a meta maior era destacar a tirania dos algoritmos de Wall Street. "Não é apenas Ronson que tem robôs manipulando sua vida. Somos todos nós", escreveram eles. Eu ainda não entendia por que fazer de conta que eu comia bolinhos de wasabi poderia chamar a atenção do público para a escória dos algoritmos de Wall Street.

"Solicitaram que eu aposentasse você — entende o que isso quer dizer?", tuitou David Bausola para o *spambot*. E: "Restam-lhe poucas horas. Espero que aproveite!"

"Desligue logo isso", escrevi para ele por e-mail. "Meu Deus."

Fiquei feliz por sair vitorioso. Eu me senti muito bem. O sentimento maravilhoso tomou conta de mim como um sedativo. Estranhos pelo mundo inteiro tinham se unido para me dizer que eu estava certo. Era o final perfeito.

Então, relembrei as demais humilhações recentes em mídias sociais das quais gostei e me senti orgulhoso. A primeira humilhação grandiosa aconteceu em outubro de 2009. O cantor da banda Boyzone, Stephen Gately, tinha sido encontrado morto durante as férias com o parceiro civil dele, Andrew Cowles. O médico-legista atestou o motivo como causas naturais, e o colunista Jan Moir escreveu no *Daily Mail*: "Qualquer que seja a causa da morte dele, não é, de maneira alguma, natural... é mais um golpe contra o mito do 'felizes para sempre' das uniões civis."

Não poderíamos tolerar o retorno desse tipo de preconceito e, como resultado de nossa fúria coletiva, a Marks & Spencer e a Nestlé exigiram que seus anúncios fossem retirados da página do *Daily Mail*. Bons tempos. Ferimos o *Mail* com uma arma que eles não entendiam — a humilhação em mídias sociais.

Depois disso, quando os poderosos falavam besteira, íamos para cima deles. Quando o *Daily Mail* debochou da caridade de um banco de alimentos por doar uma caixa de comida para o repórter infiltrado do jornal sem verificar sua identidade, o Twitter respondeu com uma doação de 39 mil libras para a instituição ao fim do mesmo dia.

"Esse é o lado bom das mídias sociais", dizia um tuíte sobre aquela campanha. "O *Mail*, que vive, acima de tudo, de mentir para pessoas sobre os vizinhos delas, não consegue lidar com gente se comunicando, formando opiniões próprias."

Quando a academia LA Fitness se recusou a cancelar a matrícula de um casal que tinha perdido o emprego e não podia arcar com as mensalidades, nós nos manifestamos. A LA Fitness logo voltou atrás. Esses gigantes estavam sendo derrubados por pessoas que costumavam ser impotentes — blogueiros, qualquer um com uma conta em uma rede social. E a arma que os estava abatendo era nova: humilhação on-line.

E então, um dia, eu me toquei. Algo realmente importante estava acontecendo. Aquele era o início de um grande renascimento da humilhação pública. Depois de uma calmaria de 180 anos (punições públicas tiveram fim em 1837 no Reino Unido e em 1839 nos Estados Unidos), ela estava de volta em grande estilo. Ao empregar a humilhação, usávamos uma ferramenta muito poderosa — coerciva, sem fronteiras e com velocidade e influência cada vez maiores. Hierarquias eram horizontalizadas. Os silenciados ganhavam voz. Era como a democratização da justiça. Então tomei uma decisão. Da próxima vez que uma grande humilhação moderna começasse contra algum malfeitor importante — da próxima vez que a justiça praticada pelos cidadãos prevalecesse de um modo dramático e correto — eu iria participar. Investigaria de perto e faria uma crônica sobre o quanto essa prática era eficiente em corrigir injustiças.

Não precisei esperar muito. O usuário @jon_ronson foi abatido em 2 de abril de 2012. Apenas 12 semanas depois, no meio da noite do feriado americano de 4 de julho, um homem deitado no sofá de casa em Fort Greene, Brooklyn, procurava ideias para o blog dele quando fez uma descoberta muito inesperada.

2

AINDA BEM QUE NÃO SOU ASSIM

Noite do feriado de 4 de julho de 2012. Michael Moynihan estava deitado no sofá, e sua esposa, Joanna, dormia no andar de cima com a filhinha deles. O casal, como sempre, estava duro. Parecia que todos no meio do jornalismo ganhavam mais do que Michael.

— Eu nunca consigo transformar ideias em dinheiro — me diria ele depois. — Não sei como.

Era uma época de ansiedade. Michael tinha 37 anos e se virava como blogueiro e freelancer em um prédio sem elevador numa parte não muito boa de Fort Greene, no Brooklyn.

Mas ele acabara de receber uma oferta de emprego. O *Washington Post* convidara Michael para escrever em um blog durante dez dias. Não que o momento fosse dos melhores:

— Era 4 de julho. Todos estavam de férias. Não havia leitores nem muitas notícias.

Mas, mesmo assim, era uma oportunidade. E aquilo estava estressando Michael. O estresse tinha estragado as férias na Irlanda para visitar a família da esposa, e, agora, o deixava nervoso no sofá.

Michael começou a procurar ideias para matérias. Por impulso, baixou o mais recente best-seller de não ficção do *New York Times*, do jovem, bonito e internacionalmente renomado autor de psicologia pop Jonah Lehrer. Era um livro sobre a neurologia da criatividade, com o título *Imagine: How Creativity Works* [Imagine: como funciona a criatividade].

O primeiro capítulo, "O cérebro de Bob Dylan", atiçou o interesse de Michael, pois ele era vidrado em Dylan. Jonah Lehrer estava reconstruindo um momento crítico na carreira do cantor — o processo criativo que o levara a escrever "Like a Rolling Stone".

Era maio de 1965 e Dylan estava entediado, cansado de uma turnê arrasadora, "magricela devido à insônia e aos comprimidos", enjoado da própria música, pensando que não lhe restava mais nada a dizer. Como Jonah Lehrer escreveu:

> A única coisa da qual ele tinha certeza era de aquela vida não devia durar. Sempre que Dylan lia sobre si mesmo nos jornais, fazia a mesma observação: "Deus, ainda bem que eu não sou eu", dizia ele. "Ainda bem que não sou assim."

Então, Dylan contou ao empresário que estava desistindo da música. Ele se mudou para um chalé minúsculo em Woodstock, Nova York. O plano era, talvez, escrever um romance.

Mas então, logo quando estava mais determinado a parar de compor, ele foi tomado por uma sensação estranha.

— É algo difícil de descrever — lembraria Dylan mais tarde. — É apenas uma sensação de que você tem algo a dizer.

Não foi surpresa *Imagine* ter se tornado um best-seller. Quem não iria querer ler, se estivesse passando por um momento de bloqueio criativo e desespero, que estava exatamente como Bob Dylan pouco antes de ele compor "Like a Rolling Stone"?

Michael Moynihan, é preciso esclarecer, não tinha baixado o livro de Jonah Lehrer por estar com bloqueio e precisar de conselhos motivacionais sobre como escrever em um blog para o *Washington Post*. Jonah Lehrer recentemente se envolvera em um pequeno escândalo, e Michael estava pensando em escrever sobre isso. Algumas colunas que o autor redigira para a *New Yorker* tinham sido, no fim das contas, recicladas de textos que Jonah publicara meses antes no *Wall Street Journal*. Michael queria escrever sobre como o "autoplágio" era considerado menos criminoso no Reino Unido do que nos Estados Unidos, e o que isso dizia a respeito das duas culturas.

Mas então, Michael de repente interrompeu a leitura. Ele voltou uma frase.

— É algo difícil de descrever — lembraria Dylan mais tarde. — É apenas uma sensação de que você tem algo a dizer.

Michael semicerrou os olhos. *Quando diabos Bob Dylan disse isso?*, pensou.

— O que o deixou desconfiado? — perguntei a Michael. Nós dois almoçávamos no Cookshop Restaurant, em Chelsea, na cidade de Nova York. Michael tinha uma boa aparência e estava inquieto. Os olhos dele eram claros e nervosos como os de um husky siberiano.

— Simplesmente não *soava* como Dylan — comentou ele. — Naquela época, em toda entrevista que ele dava, era um completo babaca com os entrevistadores. Aquilo parecia saído de um livro de autoajuda.

Então, no sofá, Michael voltou alguns parágrafos.

Sempre que Dylan lia sobre si mesmo no jornal, fazia a mesma observação: "Deus, ainda bem que eu não sou eu", dizia ele. "Ainda bem que não sou assim."

No documentário de D. A. Pennebaker, *Dont Look Back* [Não olhe para trás] (a falta do apóstrofo foi ideia do diretor), Dylan lê um artigo a seu respeito: "'Tragando forte o cigarro, ele fuma oitenta por dia...'" O cantor ri. "Deus, ainda bem que eu não sou eu."

Como Jonah Lehrer sabia que Dylan dizia aquilo sempre que lia sobre si mesmo no jornal?, pensou Michael. De onde viera o "sempre"? Além disso, "Deus, ainda bem que eu não sou eu" fora registrado em vídeo. Mas "Ainda bem que não sou *assim*"? Quando ele dissera "Ainda bem que não sou ASSIM"? De onde Jonah Lehrer tirou "Ainda bem que não sou ASSIM"?

Então, Michael Moynihan mandou um e-mail para Jonah Lehrer.

"Peguei seu livro e, como o maníaco-obsessivo por Dylan que sou, devorei o primeiro capítulo... Estou bem familiarizado com o cânone de Dylan, e havia algumas citações que me deixaram um pouco confuso e que não consegui localizar..."

Esse foi o primeiro e-mail de Michael para Jonah Lehrer. Ele o leu para mim em casa, na sua sala de estar em Fort Greene. A esposa de Michael, Joanna, estava conosco. Havia brinquedos de criança espalhados por toda a parte.

Quando Michael mandou um e-mail para Jonah, em 7 de julho, ele havia localizado seis citações suspeitas de Dylan, inclusive "É apenas uma sensação de que você tem algo a dizer", "Ainda bem que não sou *assim*", e a réplica irritada dele para jornalistas enxeridos: "Não tenho nada a dizer sobre as coisas que escrevo. Apenas escrevo. Não há uma mensagem profunda. Parem de me pedir para explicar."

Dylan realmente disse, em *Dont Look Back*: "Não tenho nada a dizer sobre essas coisas que escrevo. Apenas escrevo. Não há uma mensagem maior."

Mas não havia nenhum "Parem de me pedir para explicar".

Michael mencionou seu prazo para Jonah — escreveria no blog do *Washington Post* durante dez dias — e então apertou "Enviar".

Jonah mandou dois e-mails de resposta para Michael no dia seguinte. As mensagens pareciam amigáveis, profissionais, executivas, talvez um pouco superiores. O ar era de um jovem e inteligente acadêmico que compreendia as perguntas de Michael e prometia respondê-las quando abrisse um horário na agenda. O que aconteceria em onze dias. Estava passando dez dias de férias no norte da Califórnia. Os arquivos estavam em casa, a uma distância de sete horas dirigindo. Jonah não queria interromper a viagem e dirigir por 14 horas para verificar os arquivos. Se ele pudesse esperar dez dias, Jonah enviaria notas detalhadas.

Michael sorriu quando leu aquela parte do e-mail para mim. Onze dias eram um período conveniente de férias, considerando a duração do contrato de Michael com o *Washington Post*.

Mesmo assim, Jonah disse que tentaria responder às perguntas de cabeça.

— E foi ali — afirmou Michael — que tudo começou a degringolar para ele. Foi quando ele contou a primeira mentira. Ele hesitou. "Invento uma resposta?"

Jonah inventou.

"Tive um pouco de ajuda", escreveu, "de um dos empresários de Dylan."

Esse empresário dera acesso a Jonah a transcrições originais de entrevistas até então não divulgadas. Se havia qualquer discrepância com referências comuns na internet, era por isso.

Os e-mails de Jonah continuavam nessa linha por vários parágrafos: Dylan tinha dito a um entrevistador de rádio "pare de me pedir para explicar", em 1995. A entrevista fora transcrita nas páginas de uma rara antologia de vários volumes chamada *The Fiddler Now Upspoke: A Collection of Bob Dylan's Interviews, Press Conferences and the Like from Throughout the Master's Career* [O violinista agora se pronuncia: uma coleção de entrevistas, coletivas de imprensa e afins de Bob Dylan ao longo da carreira do mestre]. E assim por diante. Então, Jonah agradeceu a Michael pelo interesse, assinou e, no fim do e-mail, estavam as palavras "Enviado do meu iPhone".

— Enviado do iPhone dele — disse Michael. — Um e-mail bastante longo para enviar de um iPhone. Parece meio desesperado. Com os dedos suados, entende?

Quem poderia saber se Jonah estava mesmo de férias? Mas Michael precisou comprar a história dele. Então, tinham um problema. O contratempo tornava impossível a publicação no blog do *Washington Post*, considerando a investigação que Michael precisaria fazer. *The Fiddler Now Upspoke* era um pesadelo como fonte:

— Uns 11, 12, 15 volumes. Os individuais custavam de 150 a 200 dólares.

Jonah Lehrer deve ter pensando que Michael não tinha recursos para rastrear, comprar e analisar uma antologia tão épica e obscura quanto *The Fiddler Now Upspoke*. Mas ele subestimou a natureza da tenacidade do jornalista. Havia algo em Michael que me lembrou do ciborgue em *O exterminador do futuro 2*, aquele que era ainda mais determinado do que Arnold Schwarzenegger e corria mais rápido do que o mais veloz dos carros. Conforme a esposa dele, Joanna, me contou:

— Michael é o chato das regras sociais. — Ela se virou para o marido. — Você é um cara legal, contanto que todo mundo... — Joanna parou de falar.

— Quando saio na rua — começou Michael —, se vejo alguém jogar lixo no chão, não vejo sentido nehum naquilo. Perco a cabeça. Por que a pessoa está fazendo isso?

— E dura horas — contou Joanna. — Saímos para um passeio tranquilo e o programa vira uma reclamação de meia hora...

— Eu vejo que o mundo está entrando em colapso — comentou ele.

Então, Michael encontrou uma versão eletrônica de *The Fiddler Now Upspoke*. Bem, não era uma versão eletrônica de verdade.

— Era mais um arquivo completo de todas as entrevistas conhecidas de Dylan, chamado "Every Mind-Polluting Word" [Cada palavra que polui a mente] — contou Michael. — Basicamente, uma versão digital de *Fiddler* que um fã compilara e jogara na rede.

No fim das contas, Bob Dylan só dera uma entrevista de rádio em 1995, e em momento algum dissera ao entrevistador "Pare de me pedir para explicar".

No dia 11 de julho, Michael estava no parque com a esposa e a filha. Fazia calor, e a menina entrava e saía da fonte. O telefone de Michael tocou, ele atendeu e ouviu: "Aqui é Jonah Lehrer."

Conheço a voz de Jonah Lehrer. Se fosse preciso descrevê-la em uma palavra, seria "comedida".

Michael me disse:

— Tivemos uma conversa bem legal sobre Dylan, sobre jornalismo. Eu disse para ele que estava tentando construir minha reputação. Falei que estava lutando na área havia anos e que apenas faço o que preciso fazer, sustento minha família e tudo fica bem.

O modo como Michael disse "bem" fez parecer que ele quis dizer "bem mas por pouco". Era o equivalente vocal de uma cabeça baixa olhando para o chão.

— Contei que não era um daqueles garotos do Gawker, com uma postura de "encontre um alvo que eu possa queimar em praça pública e as pessoas saberão quem sou". E Jonah respondeu: "Agradeço muito por isso."

Michael gostou de Jonah.

— Eu me dei bem com ele. Foi bem legal. Foi uma conversa bem legal.

Os dois se despediram. Alguns minutos depois, Jonah mandou um e-mail agradecendo mais uma vez por ser tão decente, ao contrário daqueles caras do Gawker que sentem prazer na humilhação alheia. Não se faziam mais jornalistas como Michael.

Depois disso, o jornalista ficou na dele, para poder pesquisar mais sobre Jonah.

Aquela foi uma boa época. Michael se sentiu como Hercule Poirot. A alegação de Jonah de que teve um pouco de ajuda de um dos empresários de Dylan parecera, na opinião de Michael, suspeitosamente vaga. E de fato, no fim das contas, Bob Dylan só tinha um empresário. O nome dele era Jeff Rosen. E embora o endereço de e-mail de Jeff Rosen fosse difícil de conseguir, Michael deu um jeito.

Ele mandou um e-mail para o homem. Jeff Rosen alguma vez falara com Jonah Lehrer? Jeff Rosen respondeu que jamais falara com o autor.

Então, Michael mandou um e-mail para Jonah dizendo que tinha mais algumas perguntas. Jonah respondeu com surpresa. Michael ainda escreveria algo? Ele presumira que não fosse escrever nada.

Michael fez que não com a cabeça, incrédulo, quando me contou essa parte. Jonah obviamente imaginara que sua lábia o convenceria a parar de investigar. Mas não.

— Pessoas que não sabem mentir sempre acham que são bons em enganar os outros — disse Michael. — Sempre têm certeza de que vão derrotar você.

"Falei com Jeff Rosen", disse Michael a Jonah.

E foi aí, contou ele, que Jonah perdeu a cabeça.

— O cara simplesmente pirou. Nunca vi ninguém daquele jeito.

•

Jonah começou a ligar para Michael sem parar, implorando para que ele não publicasse nada. Michael chegou a colocar o iPhone no modo silencioso por um tempo. Depois, voltava e encontrava tantas ligações perdidas de Jonah que tirava um print da tela, porque, do contrário, ninguém teria acreditado. Perguntei em que ponto aquilo deixou de ser divertido, e ele respondeu:

— Quando a presa começou a entrar em pânico. — Ele fez uma pausa. — É como estar na floresta caçando, e você pensa "Isso é ótimo!". Então atira no animal, e ele fica caído ali, tremendo, querendo que tudo acabe de uma vez. Aí você pensa: "Não quero ser a pessoa que vai fazer isso. Isso é *terrível*, porra."

Michael recebeu uma ligação do agente de Jonah, Andrew Wylie. Ele não representa apenas Jonah, mas Bob Dylan, Salman Rushdie, David Bowie, David Byrne, David Rockefeller, V. S. Naipaul, a *Vanity Fair*, Martin Amis, Bill Gates, o rei Abdullah II da Jordânia e Al Gore. Na verdade, Andrew Wylie não ligou para Michael.

— Ele entrou em contato com alguém que entrou em contato comigo para me pedir que eu ligasse para Wylie — disse o jornalista. — O que eu achei ser bem estilo *O espião que sabia demais*. O cara é conhecido como o agente literário mais poderoso dos Estados Unidos, e eu sou um zé-ninguém. Então, liguei para ele. Expus o caso. Ele falou: "Se publicar isso, vai acabar com a vida de um homem. Acha que isso é tão importante a ponto de acabar com a vida de alguém?"

— Como você respondeu, Michael? — perguntei.

— "Vou pensar no caso." Acho que Andrew Wylie se tornou zilionário porque é muito perceptivo. Digo isso porque recebi uma ligação de Jonah, e ele disse: "Andrew Wylie me falou que você vai seguir em frente e publicar o texto."

Na tarde do último dia — domingo, 29 de julho —, Michael caminhava pela Flatbush Avenue, ao telefone com Jonah, gritando com ele.

— "Você precisa me dar uma declaração. Você tem que fazer isso, Jonah: me dar uma declaração." Eu chacoalhava o braço feito um doido. Estava com tanta raiva e tão frustrado... Todo o tempo que ele estava desperdiçando... Todas as mentiras. E ainda por cima era metido.

Por fim, algo na voz de Jonah fez com que Michael soubesse que aquilo iria acontecer.

— Então, corri pra uma loja de conveniência, comprei uma porra de um caderno da Hello Kitty e uma caneta e, em 25 segundos, ele disse: "Entrei em pânico. E sinto muito mesmo por mentir." Isso! — disse Michael. — Consegui.

Vinte e seis dias de espera, e Michael levou quarenta minutos para escrever a matéria. Ele ainda não havia entendido como ganhar dinheiro com jornalismo. Tinha concordado em dar o furo para a pequena revista judaica *Tablet*. Sabendo o quanto tivera sorte, a *Tablet* pagou a ele o quádruplo do que costumava pagar, mas era o quádruplo de muito pouco: 2.200 dólares, tudo o que Michael ganharia com a matéria.

Quarenta minutos para escrever, e o que a ele pareceram nove maços de cigarro.

— Na verdade, Jonah Lehrer quase *me* matou, com todos os cigarros que fumei na escada de incêndio. Eu fumava, fumava, fumava. Quando se tem a capacidade de apertar "Enviar" e realmente afetar o destino de uma pessoa... E o telefone tocava, tocava, tocava. Tinha umas vinte chamadas perdidas de Jonah naquela noite de domingo. Umas 24, 25 chamadas perdidas. Eu nunca vi ninguém daquele jeito.

— Ele não parava de ligar — disse a esposa de Michael, Joanna. — Foi tão triste. Não entendo por que achou que era uma boa ideia ficar ligando.

— Foi a pior noite da vida dele — falei.

— Sim, sim, claro, claro — concordou o jornalista.

Por fim, Michael atendeu a telefone.

— Eu disse: "Jonah, você precisa parar de me ligar. Isso está quase beirando o assédio." Senti como se minha conversa o acalmasse. Falei: "Diga que não vai fazer nada idiota." Era esse o nível de pânico. Tanto que achei que talvez devesse desistir daquilo. Ele dizia: "Por favor, por favor, por favor", como um brinquedo quebrado balbuciando, ficando sem pilhas. "Por favor, por favor, por favor..."

Michael me perguntou se algum dia eu estive nessa posição. Se já havia tropeçado em alguma informação que, se publicada, destruiria alguém. *Destruiria* alguém de verdade.

Pensei por um tempo.

— Destruir alguém? — Parei. — Não. Acho que não. Não tenho certeza.

— Nunca faça isso — aconselhou ele.

Michael disse que considerou sinceramente não apertar "Enviar" naquela noite. Jonah tinha uma filhinha da mesma idade da filha de Michael. Ele disse que não havia como se enganar. Entendia o que apertar "Enviar" significaria para a vida de Jonah.

— No nosso ramo, quando fazemos merda, não perdemos o emprego. Perdemos a *vocação*.

Michael se referia a ex-jornalistas como Stephen Glass, da revista *New Republic*. Glass foi autor de uma matéria aclamada na época, "Hack Heaven" [O paraíso dos hackers], sobre um estudante hacker de 15 anos que recebeu uma oferta de emprego da empresa de software que havia hackeado. Glass escreveu sobre ser uma mosca na parede do escritório da empresa — Jukt Micronics — enquanto o menino negociava as cláusulas do contrato:

"Quero mais dinheiro. Quero um Miata. E uma viagem para a Disney. E a revista em quadrinhos dos X-Men número um. E uma assinatura vitalícia da *Playboy* — e acrescente a *Penthouse*. Quero dinheiro! Quero dinheiro!" Do outro lado da mesa, executivos... ouviam e tentavam delicadamente atender. "Com licença, senhor", disse um deles, hesitante, para o adolescente cheio de espinhas. "Com licença. Desculpe interromper, senhor. Podemos conseguir mais dinheiro para você."

— Stephen Glass, "Washington Scene: Hack Heaven", *New Republic*, 18 de maio de 1998

Mas não havia sala de reuniões, nada de Jukt Micronics, nada de estudante hacker. Um jornalista da área de tecnologia da *Forbes*, Adam Penenberg, irritado porque a *New Republic* tinha conseguido um furo jornalístico em sua editoria, fez algumas investigações e descobriu que Glass inventara a coisa toda. Glass foi demitido. Ele se matriculou na faculdade de direito, conquistou um diploma com honras, se candidatou em 2014 a advogar na Califórnia e teve a candidatura negada. A humilhação o seguia para onde quer que fosse, como a nuvem de sujeira do personagem Chiqueirinho, das tirinhas de Charlie Brown. Em alguns pontos, ele e Jonah Lehrer eram estranhamente parecidos — jornalistas jovens, nerds, judeus, com uma sequência sobrenatural de sucessos, que inventaram coisas. Mas Glass inventara cenários inteiros, personagens, diálogos. O "Ainda bem que não sou assim" de Jonah ao final de "Ainda bem que eu não sou eu" fora idiota e errado, mas um mundo que distribuía punições de forma tão impiedosa seria inimaginável para mim. Achei que Michael estava sendo dramático demais ao acreditar que, ao apertar "Enviar", estaria sentenciando Jonah ao nível de esquecimento de Stephen Glass.

No fim, era tudo acadêmico para Michael. Ele disse que se sentia tão preso àquela matéria quanto Jonah. Era como se os dois estivessem em um carro com freios quebrados, disparando juntos impotentemente contra aquele fim. Como Michael poderia não apertar "Enviar"? O que as pessoas pensariam se a matéria vazasse? Que ele a havia encoberto em troca de um avanço na carreira?

— Eu teria sido o jornalista bunda-mole que cedera à pressão de Andrew Wylie. Jamais teria trabalhado de novo.

Além disso, segundo Michael, algo acontecera algumas horas mais cedo que fizera com que ele acreditasse ser impossível enterrar a matéria. Depois que Jonah confessara pelo telefone, Michael, trêmulo, fora tomar um café em Park Slope, no Brooklyn, para se acalmar. Era o Café Regular Du Nord. Sentado ali, do lado de fora, Michael encontrara um colega escritor, Dana Vachon, da *Vanity Fair*.

— Estou fazendo uma matéria, e o cara acabou de confessar para mim que é tudo *falso*, porra — contara Michael a Dana.

— Quem? — quisera saber Dana Vachon.

— Não posso revelar.

Nesse segundo, o telefone de Michael tocara. A tela exibira as palavras JONAH LEHRER.

— Ah... — dissera Dana. — Jonah Lehrer.

— Vai se foder! — dissera Michael. — Você não pode contar para ninguém!

Agora Dana Vachon sabia. Os editores de Michael na *Tablet* sabiam. Andrew Wylie sabia. O segredo fora revelado. Então, ele apertou "Enviar".

Michael teve uma última conversa telefônica com Jonah depois de os dois saberem que já não tinha mais jeito. A matéria seria publicada em algumas horas. Michael mal dormira naquela noite. Estava exausto. Ele disse a Jonah: "Só quero que você saiba que me sinto um merda por fazer isso."

— Jonah ficou quieto, e então ele me disse... sem brincadeira, ele disse: "Sabe de uma coisa, não dou a mínima para como você se sente." — Michael sacudiu a cabeça. — Aquilo foi tão frio...

Então Jonah continuou: "Eu me arrependo muito, muito mesmo..."

Arrepende-se de quê?, pensou Michael. *De trapacear? De mentir?*

"... de ter respondido ao seu e-mail", completou Jonah.

Michael olhou para mim.

— Minha resposta para Jonah foi o silêncio.

Naquela noite, Michael se sentia "arrasado. Eu me sentia péssimo. Não sou uma porra de um monstro. Estava destruído e deprimido. Minha mulher pode confirmar isso". Ele repassava as conversas telefônicas na cabeça. De repente, algo lhe ocorreu. Talvez o Jonah frio daquela última conversa tivesse sido o verdadeiro Jonah o tempo todo. Talvez ele estivesse manipulando Michael o tempo todo, "usando as emoções" para fazer com que se sentisse culpado. Talvez tivesse avaliado Michael como "ingênuo e fácil de manipular". Quando Michael contara a Jonah que falara com Jeff Rosen, a resposta dele fora: "Então acho que você é um jornalista melhor do que eu." Isso de repente pareceu condescendente demais para Michael, como se Jonah o visse como apenas "um otário, perdendo tempo ao tentar pegar trabalho como freelancer". Talvez tudo o que Jonah tinha feito durante as semanas anteriores fosse, na verdade, malicioso e muito bem-planejado.

Pensei: será que Jonah fora mesmo malicioso ou estava apenas apavorado? Será que Michael usava palavras como "malicioso" em uma tentativa de não se sentir tão mal? Malicioso é assustador. Apavorado é humano.

— Ter uma conversa telefônica com alguém é como ler um romance — disse Michael. — Sua mente cria um cenário. Eu meio que sabia como ele era pelas fotos da capa do livro, mas nunca o vira em movimento. Não sabia como andava. Não conhecia as roupas dele. Bem, sabia que posava com os óculos estilo hipster. Mas, durante aquelas quatro semanas, eu imaginei um personagem. Estava imaginando a casa dele. Uma pequena casa. Ele é jornalista. Eu sou um jornalista. Sou uma porra de um panaca. Pago aluguel. Estou bem, sou feliz, mas não estou excelente...

Aquela era a terceira vez que Michael se descrevia para mim como um "panaca", ou algo do tipo. Acho que ele sabia que destacar tal aspecto de si mesmo conferiria uma narrativa mais dramática e simpática da colisão entre os dois homens. O blogueiro zé-ninguém e o VIP trapaceiro. Davi e Golias. Mas fiquei me perguntando se ele estava fazendo aquilo por motivos além dos narrativos. Tudo o que dizia sobre não ser culpa dele ter esbarrado na matéria, sobre como não tinha ganhado dinheiro com ela, como o estresse quase o matara, como fora, na verdade, forçado por Andrew Wylie e Dana Vachon a fazer aquilo... E, subitamente, me dei conta: Michael estava traumatizado pelo que fizera. Quando ele me disse "Nunca faça isso" — nunca aperte "Enviar" em uma matéria que poderia destruir alguém —, não era modo de dizer. Era sério.

— Eu estava imaginando essa casa, uma casinha — continuou Michael. — Estava transferindo minha vida para a dele. Sua esposa perambulando, a criança ao fundo, Jonah em um dos dois quartos nos fundos, suando. — Michael parou. — E então, minha amiga do *Los Angeles Times* me mandou uma matéria de 2009 sobre a compra da casa de Julius Shulman.

A residência e o estúdio em Hollywood Hills do falecido e icônico fotógrafo Julius Shulman foi vendida por 2,25 milhões de dólares. A casa de estilo moderno do meio do século, de estrutura de aço, construída em 1950 e projetada por Raphael S. Soriano, é um marco histórico de Los Angeles. O comprador é o escritor best-seller e palestrante Jonah Lehrer. O livro dele, *O momento decisivo*, foi traduzido para dezenas de idiomas. O escritor tem uma afinidade por design clássico.

— Lauren Beale, *Los Angeles Times*,
4 de dezembro de 2010.

A casa Shulman, fotografada por Michael K. Wilkinson
e reproduzida com sua permissão.

— É injusto — disse Michael. — É idiotice minha. De certa forma, é irracional ficar ressentido do sucesso dele. Mas isso tornou as coisas um pouco diferentes.

•

Algumas semanas depois de ouvir a história de Michael com Jonah Lehrer, eu estava em uma festa em Londres conversando com um desconhecido, um diretor teatral. Ele perguntou sobre o que eu estava escrevendo, e lhe contei a história de Michael e Jonah. Às vezes, quando conto às pessoas as matérias em que estou trabalhando, sinto um sorriso idiota no rosto conforme descrevo o absurdo de qualquer que seja o pepino em que se meteu um ou outro entrevistado. Porém, isso não aconteceu dessa vez. Conforme eu descrevia os detalhes, o homem estremecia. E me vi estremecendo também. Quando terminei a narrativa, ele falou:

— É sobre o horror, não é?

— Que horror? — perguntei.

— O horror que é ser descoberto.

O homem parecia achar que estava se arriscando só de mencionar a existência do horror. Ele queria dizer que todos temos, como uma bomba-relógio, algo dentro de nós que tememos que destrua nossas reputações caso seja revelado — um "Ainda bem que não sou assim" no final de um "Ainda bem que eu não sou eu". Acho que estava certo. Talvez nosso segredo na verdade não seja nada terrível. Talvez ninguém sequer considerasse importante se fosse exposto. Mas não podemos correr o risco. Então, nós o mantemos enterrado. Talvez seja um desvio profissional. Ou apenas uma sensação de que, a qualquer momento, vamos soltar alguma frase durante uma reunião importante que provará a todos que não somos pessoas muito profissionais ou, na verdade, seres humanos funcionais. Creio que até mesmo nesta era de excesso de compartilhamento de informações íntimas, mantemos esse horror escondido, como as pessoas costumavam fazer com coisas como masturbação antes de todos de repente começarem a ter uma atitude *blasé* a respeito disso na internet. Ninguém se importa com masturbação. Já nossa reputação... Ela é tudo.

Eu tinha mergulhado na história de Michael/Jonah porque admirava Michael e me identificava com ele. O jornalista fora a personificação da justiça cidadã, enquanto Jonah representava a fraude literária no mundo da ciência pop. Ele fez uma fortuna corrompendo um gênero já saturado e autoindulgente. Eu ainda admirava Michael. Mas, quando o diretor teatral disse as palavras "o horror de ser descoberto", senti como se, por um momento, uma porta tivesse sido aberta diante de mim, revelando uma terra de infinitos horrores, cheia de milhões de Jonahs apavorados. Quantas pessoas eu teria banido para aquele lugar durante meus trinta anos de jornalismo? Como devia ter sido um verdadeiro pesadelo ser Jonah Lehrer...

3

NA NATUREZA

Runyon Canyon, West Hollywood. Se você estivesse passando por ali ao fazer uma trilha e não soubesse que Jonah Lehrer tinha sido completamente arruinado, não teria adivinhado. Ele tinha a mesma aparência das fotos dos livros — bonito, um pouco distante, como se tivesse pensamentos mais amplos e discutisse suas reflexões com o colega de trilha; que era eu. Contudo, não estávamos tendo uma conversa reflexiva. Durante a última hora, Jonah me dissera, repetidas vezes, com a voz em tom agudo, quase falhando:

— Seu livro não tem nada a ver comigo.

E eu respondera repetidas vezes:

— Tem, sim.

Eu não entendia do que ele estava falando. Meu livro falava sobre humilhação pública. Jonah havia sido publicamente humilhado. Era perfeito.

Então ele parou no meio da trilha e me olhou com atenção.

— Sou uma péssima história para ser colocada em seu livro.

— Por quê?
— Como é aquela fala de William Dean Howells? — perguntou. — "Americanos gostam de uma tragédia com final feliz"?

A fala de William Dean Howells, na verdade, é: "O que o público americano quer assistir é a uma tragédia com final feliz." Acho que Jonah chegou bem perto.
Eu estava ali porque a humilhação de Jonah me pareceu muito importante — a imagem do futuro. Ele era um autor best-seller desonesto que fora exposto pelo tipo de pessoa que, em geral, não tinha poder para fazer tal coisa. E apesar de ver o rosto de Jonah contorcido em pânico e tristeza durante a trilha, eu tinha certeza de que o renascimento da humilhação pública era algo bom. Observe quem era rebaixado: colunistas preconceituosos do *Daily Mail*, redes de academias impassíveis com políticas impiedosas de cancelamento e, o pior de tudo, acadêmicos insuportáveis que criavam *spambots*. Jonah tinha escrito coisas muito boas ao longo de sua curta carreira. Parte do seu trabalho era maravilhosa. No entanto, ele transgredira as regras repetidas vezes, fizera coisas ruins, e a descoberta das mentiras que contara era justa.

Mesmo assim, conforme caminhávamos, me senti mal por ele. De perto, pude ver que sofria muito. Michael chamara a mentira dele de uma "grande enganação que fora muito, muito bem-tramada". Mas acho que foi apenas uma loucura, e, naquele último dia, Jonah não estava "frio", e sim arrasado.

"Só posso dizer que estou morto de vergonha e arrependimento", escrevera ele em seu e-mail para mim antes de eu pegar o voo para Los Angeles, para nos encontrarmos. "O processo de humilhação é cruel, porra."

Jonah tinha a mesma visão deprimente a respeito de seu futuro Michael e Andrew Wylie tinham feito: uma vida arruinada. Imagine ter 31 anos em um país que venera histórias de superação e segundas chances, e estar convencido de que sua tragédia não terá final feliz. Mas achei que ele estava sendo pessimista demais. Claro que depois de pagar alguma penitência e passar um tempo de castigo, ele poderia convencer os leitores e os colegas de que era capaz de mudar seu modo de ser. Jonah conseguiria encontrar um caminho de volta. Quer dizer: não somos monstros.

•

Escrever sobre ciência fora a ambição de Jonah desde o início. Depois que ele concordou em se encontrar comigo, encontrei uma entrevista dele ao jornal de sua faculdade, dez anos antes, quando tinha 21 anos.

> [Ele] espera se tornar um escritor de assuntos científicos. "A ciência costuma ser vista como fria", diz ele. "Quero traduzi-la e mostrar como pode ser bela."
>
> — Kristin Sterling, *Columbia News*, dezembro de 2002.

Essa entrevista foi publicada na ocasião do anúncio de que Jonah recebera uma bolsa de estudos Rhodes para fazer pós-graduação em Oxford durante dois anos. "A cada ano, 32 jovens americanos são selecionados para a bolsa

Rhodes", informa a página na internet, "escolhidos não só por suas realizações acadêmicas impressionantes, mas também pelo caráter, pelo compromisso com os outros e com o bem comum". Bill Clinton recebeu uma bolsa Rhodes, assim como o cosmólogo Edwin Hubble, e o diretor cinematográfico Terrence Malick. Em 2002, apenas dois alunos de Columbia foram laureados — Jonah e Cyrus Habib, que agora, dez anos depois, é um dos poucos políticos americanos completamente cegos, e o iraniano-americano de maior hierarquia na política dos Estados Unidos, servindo o estado de Washington. Cyrus Habib parece incrível.

Jonah começou a escrever seu primeiro livro, *Proust foi um neurocientista*, enquanto ainda era bolsista em Oxford. A premissa era que todos os grandes avanços da neurociência de hoje tinham sido feitos há cem anos por artistas como Cézanne e Proust. Era um livro ótimo. Jonah era inteligente e escreveu bem — o que não é o mesmo que dizer que Mussolini fez os trens serem pontuais. Jonah escreveu coisas boas ao longo de sua curta carreira, ensaios feitos de forma correta. Depois de *Proust* veio *O momento decisivo* e, por fim, *Imagine*. Pelo caminho, Jonah ganhou uma fortuna com palestras motivacionais — para citar algumas das inúmeras convenções das quais participou e que eu jamais ouvi falar — na Convenção Mundial da Associação Internacional de Comunicadores de Negócios de 2011, em San Diego; na FUSION, a oitava Convenção Anual de Usuários da Desire2Learn, em Denver; e na Conferência Nacional da coalizão Grantmakers for Effective Organizations de 2012, em Seattle.

Nesta última, Jonah contou a história de um jovem atleta — um saltador em altura que nunca conseguia ultrapassar a barra, não importava o quanto tentasse. Todos os outro saltadores debochavam dele. Mas então o saltador analisou a situação de forma diferente, inventou um novo estilo de salto chamado Fosbury Flop e ganhou a medalha olímpica em 1968. A essa altura, Jonah cobrava caro como palestrante — dezenas de milhares de dólares. Imagino que estivesse recebendo tanto porque as mensagens eram motivacionais. Minhas palestras costumam ser mais desencorajadoras, o que, reparei, paga menos.

O adjetivo mais frequentemente empregado para Jonah era "gladwelliano", pois Malcom Gladwell era escritor da *New Yorker* e autor do livro de ciência pop sobre não se conformar com os padrões mais bem-sucedidos da época, *O ponto da virada*. As capas dos livros de Jonah eram parecidas com as capas dos livros de Malcom Gladwell. Ambos pareciam embalagens de computadores da Apple. Jonah estava se tornando uma sensação. Quando trocou de emprego, virou matéria:

Jonah Lehrer salta da *Wired* para a *New Yorker*

Jonah Lehrer, autor dos livros de ciência pop *Proust foi um cientista* [sic], *O ponto decisivo* e *Imagine*, de 2012, deixou o posto como editor-colaborador da *Wired* para a *New Yorker*, onde será escritor.

De muitas formas, Lehrer é uma versão mais jovem e cerebral de Gladwell, o que o torna naturalmente adequado à *New Yorker*.

– Carolyn Kellogg, *Los Angeles Times*,
7 de julho de 2012

Jonah pediu demissão da *New Yorker* depois de sete semanas no emprego, no dia em que o artigo de Michael saiu. No domingo à noite — no dia anterior à publicação — ele deu uma palestra na conferência Meeting Professionals International's World Education, de 2012, em St. Louis. Tratava da importância da interação humana. Durante a palestra — de acordo com um tuíte publicado por um membro da plateia, a jornalista Sarah Braley —, ele revelou que, desde a invenção do Skype, a participação em reuniões tinha, na verdade, *subido* 30%. Depois que Jonah deixou o palco, Sarah o encontrou e perguntou de onde tinha vindo essa estatística implausível.

— De uma conversa com um professor de Harvard — respondeu Jonah.

Mas, quando Sarah pediu o nome do professor, ele misteriosamente se recusou a divulgar.

— Eu teria que perguntar a ele se não tem problema dizer a você — explicou Jonah.

Sarah deu seu cartão a Jonah, mas nunca recebeu uma ligação dele; o que não a surpreendeu, visto que, na manhã seguinte, Jonah caiu em desgraça e pediu demissão.

Nos dias que se seguiram, os editores dele retiraram e destruíram todas as cópias de *Imagine* ainda em circulação, e ofereceram reembolso a qualquer um que tivesse comprado um exemplar. As citações de Dylan foram o bastante para derrubar Jonah. Sua crise de pânico subsequente *definitivamente* já seria suficiente para isso — Michael escreveu na matéria que Jonah tinha "se esquivado, enganado e, por fim, descaradamente mentido" para ele. Seções de comentários na internet estavam cheias de observações como: "O babaca é tão perfeitinho que dá até prazer vê-lo humilhado" (*Guardian*), "Guarde os royalties dos livros, seu idiota, porque vai precisar do dinheiro" (*New York Times*), e "Deve ser estranho viver de mentiras" (revista *Tablet*).

No Brooklyn, Michael se torturava, perguntando-se se fora certo apertar "Enviar". Embora ele essencialmente encarasse o modo como derrubara Jonah como um golpe justo contra o gênero da ciência pop — "Para limitar conceitos de um jeito que faria minha mãe dizer 'Aaah, acabei de ler um negócio interessante, sabia que X leva a Y?' é preciso tomar atalhos, porra" —, as palavras de Andrew Wylie o assombravam. Talvez aquilo fosse importante o bastante para arruinar a vida de um homem.

Mas o pior estava por vir. A revista *Wired* pediu que o professor de jornalismo Charles Seife estudasse 18 colunas que Jonah tinha escrito para ela. Todas, exceto uma, relatou Seife, revelavam "evidência de alguma transgressão jornalística". Havia principalmente casos de Jonah reutilizando as próprias frases em matérias diferentes, mas não era só isso. Suponha que eu tivesse esquecido de colocar as aspas nas frases anteriores, que peguei da página na internet da bolsa Rhodes. Era esse tipo de descuido/plágio. É provável que a pior infração tenha sido Jonah ter tirado alguns parágrafos de um blog escrito por Christian Jarrett, da British Psychological Society, e usado como se fossem dele.

Michael ficou muitíssimo aliviado — contou ele — porque "a podridão se alastrava por todos os livros, todas as matérias de jornal".

Jonah sumiu, deixando um único e inocente tuíte pré-humilhação, como um prato de comida fria no *Mary Celeste*:

O novo álbum de Fiona Apple é "surpreendente",
entusiasma-se @sfi
@jonahlehrer, 18 de junho de 2012

Jonah ignorou todos os pedidos de entrevistas. Reapareceu apenas uma vez, para contar brevemente a Amy Wallace, da *Los Angeles Magazine*, que não daria entrevistas. Então, foi uma grande surpresa quando respondeu a meu e-mail. Ele estava "feliz por eu ter entrado em contato", escreveu Jonah, e "disposto a conversar ao telefone ou algo assim". No fim, combinamos de fazer uma trilha em Hollywood Hills. Peguei um voo para Los Angeles, embora o último e-mail de Jonah para mim tivesse incluído uma frase inesperada e preocupante: "Não tenho certeza se estou pronto para ser um estudo de caso ou falar oficialmente."

Parecia apropriado fazermos uma trilha em um cânion deserto, porque a punição de Jonah tinha uma pegada bem bíblica, uma humilhação pública seguida por uma punição; embora essa analogia não fosse muito exata, já que as punições bíblicas não costumavam estar cheias de estrelas de cinema lindíssimas e modelos passeando com seus cães.

Caminhamos em silêncio por um tempo. Então Jonah listou mais dois motivos (além de "os americanos querem tragédias com finais felizes") pelos quais eu não deveria escrever a seu respeito. Primeiro, se eu estava planejando ser legal com ele, Jonah não merecia. E, segundo, um aviso: "Estou me sentindo profundamente radioativo. Assim, acabo transferindo meus isótopos mesmo para as pessoas que vêm até mim com boas intenções."

Jonah estava dizendo que gastar tempo com ele acabaria *comigo* de alguma forma inesperada.

— Bem, isso não vai acontecer comigo! — Gargalhei.

— Então você será o primeiro — respondeu Jonah.

Quando ele disse isso, uma descarga de pânico disparou por meu corpo. Era algo assustador de se ouvir. Mesmo assim, me esforcei para convencer Jonah, mas cada linha de raciocínio parecia deixá-lo mais angustiado, como se eu fosse uma sereia tentando atraí-lo para o mar com minha canção de redenção impossível. Ele disse que os piores dias eram quando se permitia ter esperanças de uma segunda chance. Os melhores eram quando ele sabia que estava acabado para sempre e a destruição era necessária, como um exemplo para outros.

Desisti. Jonah me levou de volta para meu hotel. No carro, encarei os joelhos, exausto, como um vendedor de porta em porta depois de um longo dia de trabalho.

Então, de súbito, Jonah falou:

— Decidi pedir desculpas publicamente.

Ergui o rosto para ele.

— Decidiu?

— Na semana que vem — afirmou Jonah. — Em Miami. Em um almoço da Knight.

A Fundação Knight, de John S. e James L. foi criada pelos donos do *Chicago Daily News* e do *Miami Herald* para financiar jovens jornalistas com ideias inovadoras. Haveria uma conferência para os organizadores do fundo, disse

Jonah, e ele fora convidado para dar a palestra após o almoço, no último dia. Como defensores da mídia digital, o plano era transmitir o discurso de Jonah ao vivo na página da internet.

— Eu fico escrevendo e riscando e reescrevendo — disse Jonah. — Você poderia revisar? Talvez depois disso a gente possa discutir se eu me encaixaria na sua história.

•

Sou o autor de um livro sobre criatividade que é mais conhecido por conter diversas citações inventadas de Bob Dylan. Cometi plágio em meu blog. Menti, repetidas vezes, para um jornalista chamado Michael Moynihan para encobrir as citações falsas de Dylan...

Eu estava sentado no avião, lendo o discurso de desculpas de Jonah. Era uma abertura direta — uma declaração franca de culpa, seguida pela narrativa da vergonha e do arrependimento dele:

Penso em todos os leitores que desapontei, pessoas que pagaram muito por meu livro e que agora não o querem nas prateleiras...

Fiquei surpreso com a honestidade. Jonah insistira durante a caminhada que, se decidisse me dar uma entrevista, o único assunto fora dos limites seria a humilhação. Era íntima e pessoal demais, dissera ele. Mas, na frase seguinte, ficou claro que a vergonha era algo que Jonah pretendia esquecer o mais rápido possível. Aquele era, logo ficou claro, um discurso de desculpas como nenhum outro. Jonah explicaria seus defeitos no contexto da neurociência. Era uma palestra de Jonah Lehrer sobre os defeitos singulares de pessoas inteligentes como Jonah Lehrer. Ele começou a se comparar a cientistas descuidadamente imperfeitos que trabalhavam no laboratório forense do FBI. Pessoas inocentes tinham sido condenadas por terrorismo porque cientistas geniais do FBI eram:

> vítimas de seus cérebros misteriosos, destruídos por falhas tão profundas que a existência delas não era sequer notada.

Ele deu um exemplo — um advogado do Oregon, Brandon Mayfield, que foi erroneamente acusado pelo FBI de cometer os atentados com bombas em Madri, em março de 2004. Uma impressão digital tinha sido tirada de uma bolsa de detonadores encontrada na cena do crime. Depois que o FBI colocou a digital no banco de dados, o nome de Mayfield surgiu como compatível.

> Os detetives logo descobriram que Mayfield era muçulmano, casado com uma imigrante egípcia, e tinha representado um terrorista condenado na disputa pela custódia de uma criança.

O FBI manteve Mayfield sob custódia durante duas semanas antes de reconhecer que a compatibilidade da impressão digital, na verdade, "nem chegava perto". De fato, a agência fora vítima de um preconceito conhecido como "viés de confirmação". Ela só levou a sério fragmentos de informações que confirmavam a crença preexistente de que Mayfield era o culpado. E, de maneira inconsciente, filtrou evidências que apontavam para a inocência dele. Como resultado do escândalo, o FBI implementou novas reformas rigorosas para eliminar erros. Seria ótimo — concluía o discurso de Jonah — se algo assim pudesse acontecer com ele:

> Se eu tiver sorte de voltar a escrever, não escreverei nada que não tenha verificação de fatos e que não seja repleto de notas. Porque eis o que aprendi: a não ser que eu esteja disposto a lidar para sempre com minhas falhas — até que eu seja forçado a consertar meu primeiro esboço e a lidar com as críticas do segundo, e submeter a versão final a um crivo bom e independente — não vou criar nada que valha a pena ser publicado.

Esse era o final feliz que Jonah acreditava que os americanos queriam. Eu estava sentado no avião quando percebi que não fazia ideia se aquele discurso era bom ou ruim, se seria mal ou bem aceito. A parte do FBI era excessivamente aleatória e evasiva. Jonah não era exatamente como o FBI. Na verdade, fiz minha própria pesquisa sobre os perigos do viés de confirmação, e concordo com Jonah que é um preconceito realmente poderoso, em geral encontrado no âmago das falhas da justiça. Na verdade, desde que descobri o viés de confirmação, eu o tenho visto por toda a parte. Em todo lugar. Mas mesmo alguém obcecado por viés de confirmação como eu podia ver que Jonah não tinha sucumbido a ele. Falsificar citações de Bob Dylan para encaixá-las em uma tese sobre o processo criativo não era nada disso.

Então, achei a menção ao FBI um pouco evasiva, mas ainda havia boas chances de o discurso dele ser como o fim de *O cantor de jazz*, com Neil Diamond, no qual o cantor da sinagoga arruinado conquista a congregação ao lembrá-la de como a voz dele é linda. Mandei um e-mail para Jonah, para dizer que achava seu discurso fantástico. Ele me mandou uma resposta agradecida. Perguntei se eu podia ir a Miami também. Jonah disse que não.

•

— Sou o autor de um livro sobre criatividade que continha diversas citações inventadas de Bob Dylan... Menti para um jornalista chamado Michael Moynihan...
Jonah estava no púlpito da Fundação Knight, de pé e bastante calmo. Eu assistia em casa, no computador. Nos seus antigos e lucrativos dias de palestras para o público, a voz de Jonah se elevava e diminuía para enfatizar uma ou outra palavra, mas agora ele parecia inexpressivo, como uma criança assustada diante da classe. Aquele era o discurso mais importante da vida de Jonah. Ele implorava por uma segunda chance. Como se as coisas já não estivessem estressantes o suficiente, a Fundação Knight decidira erguer um telão gigante com tuítes ao vivo atrás da cabeça dele. Qualquer um assistindo de casa poderia tuitar a opinião sobre o pedido de perdão de Jonah usando a hashtag #infoneeds, e o comentário apareceria automaticamente, em tempo real e em letras gigantes, bem ao

lado do rosto dele. Uma segunda tela estava posicionada na altura de sua cabeça
Vi os olhos de Jonah se voltarem para ela.

Uau. O discurso de Jonah Lehrer mergulha direto em uma lista de falhas, erros e mea culpa.

E é assim, pessoal, que se pede desculpa.

Durante os sete meses anteriores, Jonah, caído em desgraça, fora ridicularizado e excluído. Arrastara os pés pelos cânions de Los Angeles em uma jornada infindável de culpa e vergonha, uma dor sofrida e constante. E agora, de repente, havia luz no fim do túnel. Senti como se estivesse testemunhando um milagre. Exatamente como com os caras do meu *spambot*, sabíamos quando humilhar e quando parar. Era como se, por instinto, tivéssemos entendido que a punição de Jonah chegara a um auge adequado, e agora estava na hora de ouvir o que ele tinha a dizer.

E então Jonah passou para a analogia do FBI.

•

— Eu gostaria de contar uma história que me deu um pouco de esperança. É uma história sobre um erro e sobre como ele foi reparado. É uma história na qual eu estava trabalhando na época em que minha carreira se desfez. A história é sobre ciência forense...

Logo se tornou claríssimo para Jonah, e para mim, que assistia de casa, que o público não tinha interesse nas opiniões dele sobre ciência forense. Talvez tivessem tido em algum ponto da carreira dele. Mas não mais.

Jonah Lehrer entediando as pessoas para que elas o perdoem pelo plágio.

Não fui totalmente convencido pelo mea culpa *meia-boca de @jonahlehrer.*

Não aguento assistir às desculpas de @jonahlehrer. Ele é chato e não convence. Hora de ver outra coisa.

Jonah continuou. Ele falou sobre como, um mês antes de pedir demissão do emprego, entrevistou o economista comportamental Dan Ariely sobre o assunto de como "a mente humana é uma máquina de confabulação...".

"A mente humana é uma máquina de confabulação." *Isso* sim é transferir a responsabilidade.

Usando psicologia pop de segunda para explicar a falta de habilidade para escrever psicologia pop de segunda por conta própria.

Jonah Lehrer é um maldito sociopata.

Preso ao púlpito, Jonah tinha vinte minutos restantes de discurso, seguidos pela sessão de perguntas e respostas.
Concordei com o tuíte que dizia que Jonah estava transferindo a responsabilidade quando afirmou que "o cérebro humano era uma máquina de confabulação". Mas, no meio das desculpas, parecia irrelevante se as críticas

tinham legitimidade. Elas estavam se acumulando diante dos olhos de Jonah como uma torrente. O homem lia do modo mais visceral e instantâneo que não havia perdão para ele, nenhuma possibilidade de segunda chance:

A única maneira de @jonahlehrer se redimir das falhas é fazer um trabalho completamente diferente. Está com o nome sujo para sempre como escritor.

Tenho zero inclinação para perdoar Jonah ou ler seu trabalho futuro.

Delírios de um narcisista lunático e nada arrependido.

O discurso de Jonah Lehrer deveria ser intitulado "Reconhecendo babacas iludidos e como evitá-los no futuro".

Mesmo assim, Jonah foi forçado a continuar. Não tinha escolha. Precisava chegar ao fim. Ele entoou inexpressivamente que esperava que um dia, "quando contar à minha filhinha a mesma história que acabo de contar a vocês, serei uma pessoa melhor por causa dela. Mais humilde...".

Espera aí, Jonah Lehrer está em uma conferência de jornalismo? Não há mais pessoas que não são fraudes com coisas interessantes a dizer?

Jonah Lehrer demonstra muito bem a futilidade da psic. comportamental pop: uma moral defeituosa tenta colocar a culpa na falha cognitiva.

Ele não provou que é capaz de sentir vergonha.

O discurso terminou com uma salva educada de palmas daqueles que estavam na mesma sala que Jonah. Em meio à maré de ofensas, houve alguns clamores por humanidade; alguns tuítes observaram a bizarrice terrível que se desenrolava:

Ai, Jonah Lehrer está se desculpando ao lado dos tuítes de pessoas debochando dele. É como um açoitamento público do século XXI.

Jonah Lehrer é um ser humano. O Twitter está me deixando tão desconfortável neste momento.

Os crimes de Jonah Lehrer foram grandes, mas pedir desculpas diante de um telão com tuítes ao vivo parece uma punição cruel e anormal.

Mas tudo isso foi esquecido quando alguém tuitou:

Lehrer foi pago para estar aí hoje?

É claro que não, pensei.
E então a Knight respondeu à pergunta.

Jonah Lehrer recebeu vinte mil dólares para falar sobre plágio no almoço da Knight.

Queria poder receber vinte mil para dizer que sou um mau caráter mentiroso.

E assim por diante, até o fim daquela tarde, quando, por fim:

A fundação de jornalismo pede desculpas por ter pagado vinte mil ao desacreditado autor Jonah Lehrer.

Jonah mandou-me por e-mail: "Hoje foi muito ruim. Estou bem arrependido."
Enviei-lhe uma resposta compreensiva. Disse que achava que ele deveria doar os vinte mil para caridade.
"Nada pode reverter isso", respondeu Jonah. "Preciso ser realista. Não deveria ter aceitado o convite para falar no evento, mas agora é tarde demais."

•

— Foda-se, o cara não consegue nem pedir desculpas sem ser babaca — disse-me Michael Moynihan durante um almoço na Cookshop, em Nova York, balançando a cabeça em desaprovação. — Aquilo não foi um pedido de desculpas. Foi uma série de porcarias gladwellianas. Ele estava no piloto-automático. Era um robô: "Vou usar este estudo de um acadêmico." E a quantidade de palavras que usou para descrever desonestidade. Era como se um dicionário de sinônimos tivesse caído na cabeça dele. — Michal fez uma pausa. — Ah! Alguém me mandou uma mensagem de texto. Achei que estava interpretando demais. Mas a pessoa observou que Jonah tinha dito "menti para um jornalista CHAMADO Michael Moynihan". Isso é maravilhoso. Eu falei: "É. Entendo o que você quer dizer." Ele não mentiu para "o jornalista

Michael Moynihan". Isso que é usar a língua a seu favor. "Um jornalista CHAMADO Michael Moynihan." "Quem é esse panaca?"

Michael comeu um pedaço do bife. A questão era que aquele era o grande furo dele. Era um trabalho ótimo, e o que Michael conseguira com isso? Alguns tuítes de parabéns, que deviam dar a mesma onda que a dopamina, ou algo assim; mas, tirando isso, nada: 2.200 dólares, mais um insulto velado de Jonah, se Michael e o amigo não estavam sendo paranoicos com relação a essa parte.

Ele sacudiu a cabeça.

— Não tirei nada dessa situação toda — concluiu.

Na verdade, foi pior do que nada. Michael reparou que as pessoas começavam a sentir medo dele. Colegas jornalistas. Alguns dias antes de nosso almoço, algum escritor em pânico — alguém que Michael mal conhecia — confessara do nada que uma biografia que tinha escrito poderia ter, inadvertidamente, se desviado para o plágio.

— Como se eu *julgasse* essas coisas... — disse Michael.

Gostasse ele ou não, havia medo no ar agora por conta do que acontecera com Jonah. No entanto, Michael não queria ser um general da caça às bruxas, ouvindo declarações de escritores sempre que saísse de casa, escutando súplicas por perdão por crimes que ele nem sabia que os escritores haviam cometido.

— Você se vira e percebe de repente que é o líder de uma multidão revoltada. — Michael deu de ombros. — E é tipo: "O que essas pessoas estão *fazendo* aqui, porra? Por que estão se comportando como bárbaros? Não quero estar associado a isso de jeito algum. Quero sair daqui."

— Foi *horrível* — comentei. — Todo esse tempo, achei que estávamos em meio a alguma reencenação idealista do sistema de justiça. Mas aquelas pessoas foram tão *frias*.

A resposta às desculpas de Jonah fora cruel e confusa para mim. Senti como se as pessoas no Twitter tivessem sido convidadas a atuarem como personagens em algum drama de tribunal, com permissão para escolher seus papéis, e todas tivessem decidido ser do juiz carrasco. Ou pior do que isso: todas tinham escolhido o papel dos personagens em litogravuras que se deleitam com açoitamentos.

— Estava assistindo às pessoas apunhalarem Jonah repetidamente — continuou Michael —, e pensei: "ELE ESTÁ *MORTO*."

•

No dia seguinte, dirigi de Nova York até Boston para visitar o Arquivo de Massachusetts e a Sociedade Histórica de Massachusetts. Considerando o quanto o ressurgimento da humilhação pública tinha se tornado cruel de uma hora para a outra, me perguntei por que esse tipo de punição fora superado no século XIX. Presumi — como faz a maioria das pessoas, imagino — que o desaparecimento se devia à migração das aldeias para as cidades. A vergonha se tornou ineficaz porque um indivíduo no pelourinho poderia se perder em meio à multidão anônima assim que seu castigo tivesse acabado. A vergonha perdera o poder de envergonhar. Essa era minha conclusão. Será que estava certa?

Estacionei o carro do lado de fora do Arquivo de Massachusetts, um prédio com uma arquitetura ao estilo do brutalismo, próximo à Biblioteca e Museu Presidencial John F. Kennedy. Lá dentro havia microfilmes que preservavam os primeiros documentos legais escritos à mão por colonizadores puritanos. Eu me sentei ao leitor de microfilmes e comecei a avaliá-los cuidadosamente. Durante os primeiros cem anos, até onde eu podia ver, tudo o que aconteceu nos Estados Unidos foi que diversas pessoas de nome Nathaniel compraram terras perto de rios. As letras finas rodopiavam nas páginas frágeis. Eles realmente deveriam ter dedicado mais tempo com quebras de parágrafo naquela época do que com o formato da letra *f*. Comecei a acelerar, pulando trechos de forma pouco profissional, décadas passando diante de mim em segundos, até que, de repente, me vi diante de uma humilhação pública americana.

Era 15 de julho de 1742. Uma mulher chamada Abigail Gilpin, cujo marido estava em viagem marítima, foi encontrada "nua na cama com certo John Russel". Ambos deveriam ser "açoitados no poste de açoitamento público, vinte chibatadas cada". Abigail apelou — não do açoitamento, mas implorou ao juiz que "me deixe receber minha punição antes que as pessoas acordem. Se vossa excelência permitir, tenha piedade por meus queridos filhos, que não são culpados das falhas desgraçadas da mãe".

Os documentos não revelam se o juiz consentiu, mas, logo depois disso, encontrei uma transcrição de um sermão que oferecia uma pista de por que ela poderia ter implorado por um açoitamento reservado. O sermão, dado pelo reverendo Nathan Strong de Hartford, Connecticut, era uma súplica para que as pessoas se entusiasmassem menos em execuções: "Não vão àquele lugar de horror com alegria e o coração feliz, pois a morte está lá! Justiça e julgamento estão lá! O poder do governo, exibido da forma mais terrível, está lá (...) A pessoa que consegue ir e assistir à morte apenas para satisfazer um humor frívolo é destituída tanto de humanidade quanto de piedade."

Depois do almoço, viajei os poucos quilômetros até a Sociedade Histórica de Massachusetts, uma antiga e grandiosa mansão urbana na Boylston Street. Lembrei de algo que Jonah enviara por e-mail antes de eu pegar o voo para Los Angeles: "O processo de humilhação é cruel, porra." Pensei na expressão "processo de humilhação". Devia ser reconfortante para um humilhado enxergar a punição como um processo, em vez de uma competição aberta. Se você está sendo destruído, quer sentir que aqueles que o destroem pelo menos sabem o que estão fazendo. Bem, talvez humilhados menos sensíveis não se importem com o funcionamento de sua humilhação, mas Jonah me pareceu ser alguém que julgava a estrutura algo importante, e que só queria impressionar as pessoas e se encaixar na sociedade.

No fim das contas, a humilhação pública *fora*, um dia, um processo. Um livro de direito de Delaware que descobri na Sociedade Histórica de Massachusetts revelou que, se Jonah tivesse sido declarado culpado de "mentir ou publicar notícias falsas" nos anos 1800, teria "recebido uma multa, sido colocado no tronco durante um período não maior do que quatro horas, ou publicamente açoitado com não mais do que quarenta chibatadas". Se o juiz tivesse escolhido o açoitamento, os jornais locais teriam pulicado uma crônica detalhando a quantidade de contorções ocorridas. "Rash e Hayden se contorceram consideravelmente durante o espetáculo, e as costas deles estavam bastante marcadas", dizia o jornal *The Delawarean* sobre um açoitamento ocorrido em 1876. Se ficasse decidido que o carrasco de Jonah não havia açoitado com força suficiente, as críticas teriam sido severas. "Comentários discretos foram expressos por muitos. Foi possível ouvir várias pessoas dizerem que a punição foi uma farsa. Brigas de bêbados e discussões ocorreram em rápida sucessão", relatava o jornal *Wilmington Daily Commercial*, de Delaware, depois de um açoitamento decepcionante em 1873.

A conclusão comum é que punições públicas se extinguiram nas novas grandes metrópoles porque eram inúteis. Todos estavam ocupados demais trabalhando para se dar ao trabalho de seguir um transgressor em meio à multidão. Mas, de acordo com os documentos que encontrei, não foi nada disso. Elas não se extinguiram porque eram ineficazes. Foram extintas porque eram cruéis demais.

Os movimentos contra as humilhações públicas já estava com força total em março de 1787, quando Benjamin Rush, um dos fundadores dos Estados Unidos, escreveu um ensaio pedindo que tais humilhações fossem tornadas ilegais — o tronco, o pelourinho, o poste de açoitamento, a coisa toda:

> a ignomínia [é] universalmente reconhecida como uma punição pior do que a morte. Pareceria estranho que fosse sequer adotada como uma punição mais leve do que a execução, caso não soubéssemos que a mente humana raramente chega à verdade sobre qualquer assunto antes de, primeiro, alcançar o extremo do erro.

Caso você considere Rush um liberal inflamado, vale a pena observar que a proposta dele de alternativas à humilhação pública incluía levar o criminoso a um quarto reservado — longe do olhar público — e administrar "dores corporais".

Determinar a natureza, a intensidade e a duração da dor corporal requer algum conhecimento dos princípios da sensação e dos impulsos que ocorrem no sistema nervoso.

> — Benjamin Rush, "An Enquiry into the Effects of Public Punishments Upon Criminals and Upon Society" [Uma análise das sequelas de punições públicas em criminosos e na sociedade], 9 de março de 1787.

Punições públicas foram abolidas de vez ao longo de cinquenta anos após o ensaio de Rush, com apenas Delaware estranhamente resistindo até 1952 (e por isso as críticas aos açoitamentos de Delaware que citei anteriormente foram publicados nos anos 1870).

O *New York Times*, chocado com a obstinação de Delaware, tentou argumentar para que o estado mudasse isso em um editorial de 1867:

> Se anteriormente existia no âmago [do condenado] uma fagulha de respeito próprio, tal exposição à vergonha pública a extinguiu por completo. Sem a esperança que brota eternamente no peito humano, sem qualquer desejo de se corrigir e se tornar um bom cidadão e a sensação de que tal coisa é possível,

nenhum criminoso jamais conseguirá voltar ao caminho honrado. O garoto de 18 anos que é açoitado em New Castle [um poste de açoitamento de Delaware] por furto está, em nove casos em dez, arruinado. Com o respeito próprio destruído e a provocação e o desprezo da desgraça pública marcados na testa, ele se sente perdido e abandonado pelos colegas.

— Citado em *Red Hannah: Delaware's Whipping Post* [Pelourinho: o poste de açoitamento de Delaware], de Robert Graham Caldwell, University of Pennsylvania Press, Filadélfia, 1947.

Em 12 de fevereiro de 2013, Jonah Lehrer, diante daquela tela gigante com os tuítes, vivenciou algo que já era considerado terrível no século XVIII.

Deixei a Sociedade Histórica de Massachusetts, peguei o celular e perguntei no Twitter: *O Twitter se transformou em um tribunal clandestino?*

Não um tribunal clandestino, respondeu alguém, bruscamente. *O Twitter ainda não pode impor sentenças. Apenas comentários. Mas, ao contrário de você, Jon, não somos pagos pra isso.*

Será que ele estava certo? Parecia uma pergunta que precisava mesmo ser respondida, porque, pelo jeito, não passava pela mente de ninguém indagar se a pessoa que tinha sido humilhada estava bem ou arruinada. Imagino que, quando humilhações são feitas como ataques de drones controlados remotamente, ninguém precisa pensar no quanto nosso poder coletivo pode ser cruel. Um floco de neve jamais precisa se sentir responsável pela avalanche.

•

A intenção de Lehrer em se submeter a um interrogatório público foi mostrar ao mundo que está pronto para voltar ao jornalismo, que podemos confiar nele, porque agora sabe que não deve confiar em si mesmo. Tudo o que Lehrer provou foi que não pensa como o resto de nós. Se conseguisse descobrir o porquê disso, seria uma matéria de neurociência digna de se publicar.

— Jeff Bercovici, revista *Forbes*,
12 de fevereiro de 2013.

Tenho insistido para que Lehrer cale seus críticos financiando alguma boa ação ao doar aqueles vinte mil para a caridade (...) Por fim, consegui falar com ele ao telefone esta tarde. "Não estou interessado em comentar", disse ele. Poderia ao menos contar se planeja ficar com o dinheiro? "Li seu artigo. Não tenho nada a lhe dizer", afirmou Lehrer antes de desligar.

— Jeff Bercovici, revista *Forbes*,
13 de fevereiro de 2013.

— Ainda não tenho muita certeza do que posso lhe oferecer... — A voz de Jonah, que falava comigo pelo telefone de sua casa em Los Angeles, foi diminuindo.

— Os vinte mil... — falei.

— Isso foi um erro. Não pedi o dinheiro. Foi oferecido. Simplesmente me deram. Quer dizer, o que mais você quer? Eu... — Jonah parou. — Olha, eu tenho contas a pagar. Não ganho um centavo há sete meses. Eu estava no auge, ganhando muito dinheiro. E, de repente, não recebo mais nada...

Jonah finalmente concordara com uma entrevista mais longa. Ele parecia exausto, como se tivesse passado um tempo dentro de uma máquina giratória projetada por alienígenas para testar os efeitos do estresse nos humanos. Para um homem inteligente, tudo o que tinha feito, desde o momento em que Michael mandara o e-mail para ele da primeira vez, fora um equívoco enorme. Jonah fora como um balão esvaziando, disparando descontroladamente por todas as direções, mentindo de forma desesperada para Michael, antes de desabar, todo o ar extinto, no meio de uma das mais terríveis humilhações dos tempos modernos.

— Um amigo me encaminhou um post do blog de Jerry Coyne, da Universidade de Chicago — disse Jonah —, um cara famoso, eu o entrevistei algumas vezes. Ele escreveu sobre mim, me chamando de sociopata.

Sinto que Lehrer é um pouco sociopata. Sim, demonstrações de arrependimento costumam ser falsas, destinadas a convencer um público ingênuo (como no caso de Lance Armstrong) de que estão prontos para começar de novo. Mas Lehrer não consegue sequer fingir pedir desculpas que pareçam sinceras. Podem me chamar de cruel, mas se eu fosse editor de uma revista, jamais o contrataria.

— Jerry Coyne, citado em richardbowker.com, 18 de fevereiro de 2013.

— Eu me lembrei de você — falou Jonah. — Pensei: esta é uma pergunta interessante para Jon. Jon passou um tempo comigo. Talvez eu *seja* um sociopata.

A questão não me surpreendeu. Desde que publiquei um livro sobre psicopatas, as pessoas me perguntam se são um (ou, se não elas, o chefe, o ex-namorado ou Lance Armstrong). Talvez Jonah estivesse sinceramente intrigado com a possibilidade de ser um sociopata, mas eu duvidava disso. Acho que ele sabia que não era, e tinha um motivo diferente para querer ter aquela conversa. Acadêmicos não deveriam diagnosticar pessoas, à distância, como sociopatas. Fora uma atitude idiota da parte de Jerry Coyne. Acho que Jonah queria que reclamássemos da estupidez dele por um momento. Seria uma forma de ele recuperar alguma autoestima — humilhar um pouco outra pessoa. Jonah estava no fundo do poço, então cedi de bom grado. Eu disse que ele não parecia ser alguém que não tinha consciência.

— Quem diabo sabe o que é uma consciência? — respondeu Jonah. — Se consciência é viver em um mundo definido por arrependimentos, então, sim, tenho consciência. Meu primeiro pensamento toda manhã é o que fiz de errado. Sei que parece que estou sentindo pena de mim mesmo, e eu gostaria que você não usasse essa declaração, mas não tem outro modo de definir.

— Se eu achasse que é muito importante usar essa declaração poderia? — perguntei a Jonah.

Ele suspirou.

— Olha, depende de como for usar, mas prefiro que não — respondeu.

Mas usei, porque pareceu importante, considerando que tantas pessoas imaginam que Jonah sofre de falta de consciência neurológica.

— Meus arrependimentos me consomem — continuou Jonah. — Penso no que fiz com as pessoas que amo. O que fiz minha esposa passar. O que fiz meu irmão passar. O que fiz meus pais passarem. Isso é horrível. Muito depois de eu superar a perda do status e a perda da carreira, da qual eu gostava, jamais... — Jonah parou de falar. — A vida é curta. E causei uma dor imensa às pessoas que amo. Não sei como se chama esse sentimento. Remorso parece a palavra certa. Há uma quantidade absurda de remorso. E, conforme o tempo passa, isso não desaparece. É deprimente e me assusta.

Ouvi a filhinha de Jonah, ainda bebê, chorando ao fundo. Falamos sobre o "caminho tortuoso" que levou às citações falsas de Dylan. Começou com o autoplágio — com Jonah reutilizando os próprios parágrafos em matérias diferentes. Eu disse a ele que não considerava isso o crime do século.

— Frank Sinatra não cantou "My Way" apenas uma vez — disse eu.

— O autoplágio deveria ter sido um sinal — disse Jonah. — Deveria ter sido um indício de que eu estava exagerando. Se precisava reciclar meu material, por que me dava ao trabalho de escrever aquele post para o blog, para início de conversa? E certamente pensei muito a respeito disso. Mas, na época, não achei que fosse errado. Se eu achasse que estava errado, teria apagado as pistas. — Jonah fez uma pausa. — Deveria haver um enorme letreiro de neon me dizendo: "Você está ficando relaxado, está fazendo as coisas do jeito mais fácil e não percebe que isso se torna um hábito, e você deixa passar porque está ocupado demais." Eu não recusava nada.

— Qual teria sido o problema de recusar as coisas?

— Era uma mistura perigosa de insegurança e ambição — afirmou Jonah. — Sempre me senti como parte de um modismo. Achava que seria famoso por um segundo, então desapareceria. Por isso precisava agir enquanto podia. E havia uma profunda... parece até que estou no divã com o psiquiatra... uma ambição muito perigosa e negligente. Você combina insegurança e ambição e obtém a incapacidade de dizer "não" às coisas. E aí, um dia, recebe um e-mail dizendo que essas quatro [seis] citações de Dylan não podem ser explicadas e não podem ser encontradas em lugar nenhum, e percebe que as inventou na proposta do livro, três anos antes, e foi preguiçoso demais, burro demais, para checar. Só posso desejar, e desejo isso de coração, que tivesse tido a ousadia, a coragem, de fazer uma verificação dos fatos de meu último livro. Mas, como qualquer um que faz uma verificação de fatos sabe, isso não é muito divertido. Sua história fica um pouco mais chata. Você é forçado a lidar com os próprios erros, conscientes e inconscientes...

— Quer dizer que você esqueceu que as citações falsas estavam no livro?

— *Esquecer* me livra da culpa com muita facilidade — respondeu ele. — Eu não quis lembrar. Desse modo, não me esforcei. Escrevi bem. Então, por que checar?

— Ou seja, você foi descuidado?

— Não quero apenas culpar o descuido — disse Jonah.

— Foi descuido e enganação. Descuido e mentiras. Menti para encobrir o descuido.

Ocorreu-me que deve ter sido ruim ter dito a Jonah que o discurso dele estava fantástico. Na verdade, precisei ler três ou quatro vezes no avião, porque as palavras ficavam se misturando na página, e eu não sabia se era um reflexo de déficit de atenção de minha parte, ou das frases confusas de Jonah. Porém, como todos os jornalistas, gosto muito de um furo — furos evitam fracassos —, e pensei que dizer a ele que estava fantástico seria minha melhor chance de conseguir a entrevista.

— Trabalhei muito nele — falou Jonah. — Eu verificava o tráfego do Twitter durante o discurso e as coisas que as pessoas diziam... Alguns viram as analogias com o FBI como a pior coisa possível. Mas isso não é um truque para enganar os outros. É o modo como entendo o mundo. É assim que penso. Obviamente, foi um erro. Mas... — Ele parou de falar.

— Aquele tráfego do Twitter!

— Eu estava tentando pedir desculpas, e ver a reação a isso ao vivo... Não sabia se conseguiria superar aquilo. Precisei desligar algum interruptor emocional dentro de mim. Acho que tive de me desligar.

— Quais são os tuítes de que mais se lembra?

— Não foram os totalmente, absurdamente cruéis, porque esses são fáceis de ignorar — respondeu Jonah. — Foram aqueles que misturaram um pouco de delicadeza com crítica.

— Como o quê?

— Não quero...

Jonah disse que não conseguia entender por que as pessoas "ficaram tão irritadas" com o pedido de desculpas dele. Eu comentei que achava que era porque parecia muito um discurso do Jonah Lehrer do passado. As pessoas queriam vê-lo mudar de alguma forma. O fato de Jonah não se sentir intimidadíssimo deu ao público a permissão de visualizá-lo de um jeito mais dramático, um monstro imune à vergonha.

— Elas não queriam que você intelectualizasse a situação, Jonah. Queriam que agisse com emoção. Se tivesse demonstrado mais emoção, elas teriam aceitado melhor.

Jonah suspirou.

— Essa poderia ter sido uma estratégia melhor. Mas não era uma estratégia que eu queria ensaiar no palco. Não era algo que eu quisesse compartilhar com o universo, com todos no Twitter. Não queria conversar sobre como aquilo tinha me destruído. Isso é algo com que eu devo lidar, e que os meus entes queridos devem me ajudar a superar. Porém, isso não é algo que eu queria levar a público, diante da internet, para discutir.

— Por que não?

— Ah, meu Deus, não sei... Você conseguiria fazer isso?

— Sim — disse eu. — Creio que conseguiria. E acho que isso significa que eu sobreviveria melhor do que você.

— Então, qual seria o discurso de desculpas de Jon Ronson? O que você diria?

— Eu diria... Tudo bem... Eu... Oi. Sou Jon Ronson e queria pedir desculpas por... — Parei de falar. O que eu *diria*? Pigarreei. — Só quero que todos saibam que estou muito chateado...

Jonah ouvia com toda a paciência do outro lado da linha. Parei. Embora fosse apenas faz de conta, eu me senti arrasado. E não tinha chegado a lugar algum com a tentativa.

— O que aconteceu com você é meu pior pesadelo.
— É — respondeu Jonah. — Era o meu também.

•

Quatro meses se passaram. O inverno se tornou o início do verão. Então, inesperadamente, Andrew Wylie começou a vender uma nova proposta para um livro de Jonah Lehrer entre as editoras de Nova York. *A Book About Love* [*Um livro sobre amor*]. A proposta logo vazou para o *New York Times*. Nela, Jonah descrevia o momento em que sentiu o "calafrio de uma mensagem de voz":

> Fui descoberto. Vomito na lixeira para reciclagem. E então começo a chorar. Por que eu estava chorando? Tinha sido pego em uma mentira, uma tentativa desesperada de esconder meus erros. E agora ficava claro que, em 24 horas, seria o início do meu fim. Eu perderia o emprego e a reputação. Minha humilhação particular se tornaria pública.

Jonah deixou St. Louis e voltou para Los Angeles, o terno e a camisa "manchados de suor e vômito":

> Abro a porta da frente e tiro a camisa suja, então choro no ombro de minha esposa. Ela é carinhosa, mas está confusa: Como eu pude ser tão descuidado? Não tenho uma boa resposta.
>
> — Proposta do livro de Jonah Lehrer, conforme vazou para o *New York Times*, 6 de junho de 2013.

A comunidade midiática de Nova York se declarou terminantemente indiferente ao sofrimento de Jonah. "'Lixeira para reciclagem' é um detalhe hilário para ser escolhido por um plagiador compulsivo", escreveu Tom Scocca, do Gawker. "E, é claro: apresente duas testemunhas que o viram vomitar no local e no momento em que alega ter vomitado. Ou nem queremos saber."

Então, para minha surpresa, Daniel Engber, da *Slate*, anunciou que tinha passado um dia analisado a proposta de Jonah e acreditava ter descoberto plágio nela.

Certamente Jonah não tinha sido louco a esse ponto!

Ao ler o artigo de Engber com mais atenção, as coisas não pareceram tão claras. "Um capítulo sobre o segredo para ter um casamento feliz", escreveu Engber, "chega perto de copiar um ensaio recente sobre o mesmo assunto de Adam Gopnik, colega de Lehrer na *New Yorker*".

> GOPNIK: Em 1838, quando pensou em casamento pela primeira vez, Darwin produziu uma série de notas adoráveis sobre o assunto — uma lista aparentemente científica de prós e contras do casamento (...) A favor do casamento, ele incluiu a aquisição de "uma companheira e amiga constante na velhice" e, memorável e conclusivamente, decidiu que uma esposa seria "melhor do que um cachorro, de todo modo".
>
> LEHRER: Em julho de 1838, Charles Darwin considerou a possibilidade de casamento em seu caderno científico. Os pensamentos logo tomaram a forma de uma lista, um balanço dos motivos

para "casar" e "não casar". Os prós do matrimônio eram diretos: Darwin citou a possibilidade de filhos ("se for a vontade de Deus"), os benefícios à saúde da união e o prazer de ter uma "companheira constante (e amiga na velhice)". Uma esposa, escreveu ele, era provavelmente "melhor do que um cachorro, de todo modo".
GOPNIK: E os Darwin seguiram em frente e tiveram algo próximo de um casamento ideal.
LEHRER: Esse pode parecer o início nefasto de um relacionamento, mas os Darwin seguiram em frente e tiveram um casamento quase ideal.

E assim por diante, por alguns parágrafos. Engber não estava totalmente certo se aquilo contava como plágio "ou se ele havia modificado as palavras só o bastante para que não fosse". Ou talvez ambos tivessem buscado a mesma fonte: "Nas notas de rodapé, Lehrer cita a página 661 da biografia de Darwin de Desmond e Moore, de 1991. Qualquer um que tenha uma cópia do livro está convidado a verificar as palavras."

Mas, mesmo que não fosse plágio, Engber estava "convencido de que Lehrer não mudara nada. Ele traçou seu rumo tão claramente quanto se pode traçar. Vai reciclar e repetir, vai vomitar as entranhas".

Não importavam as transgressões que Jonah cometera ou não — ao que me parecia, ele não poderia vencer. Mas *Book About Love* será publicado pela Simon & Schuster na mesma época que este livro nos Estados Unidos, então todos descobriremos ao mesmo tempo se ele vai garantir alguma redenção a Jonah.

4

NOSSA, ISSO FOI INCRÍVEL

Durante os meses que se seguiram, aquilo se tornou rotina. Pessoas comuns, algumas com filhos pequenos, eram aniquiladas por tuitarem alguma piada malformulada para suas centenas de seguidores. Eu as encontrava em restaurantes e cafés de aeroportos — vultos fantasmagóricos perambulando por aí como mortos-vivos, usando as máscaras de suas antigas vidas. Acontecia tão frequentemente que nem pareceu coincidência que uma delas, Justine Sacco, trabalhasse no mesmo prédio comercial que Michael Moynihan até três semanas antes, quando, ao passar pelo aeroporto de Heathrow, ela escreveu um tuíte que não foi muito bem-recebido.

Era 20 de dezembro de 2013. Durante os dois dias anteriores, Justine tuitara piadinhas cruéis para os 170 seguidores sobre suas viagens de férias. Ela se comportava como uma Sally Bowles das redes sociais, decadente e superficial, e alegremente ignorante ao fato da crise que estava por vir. Teve a piada sobre o alemão no voo de Nova York: *Alemão esquisito: Você está na primeira classe. É 2014. Use um desodorante — monólogo interno enquanto inspiro cecê. Graças a deus pela*

indústria farmacêutica. Então a conexão em Heathrow: *Pimenta — sanduíches de pepino — dentes ruins. Estou de volta a Londres!* E no último trecho da viagem: *Indo para a África. Espero não pegar aids. Brincadeira. Sou branca!*
Ela riu consigo mesma, apertou "Enviar" e passeou pelo aeroporto durante meia hora, vez ou outra verificando o Twitter.

— Não recebi nada — contou Justine. — Nenhuma reply.

Imaginei Justine se sentindo um pouco desapontada com isso — aquela sensação triste de quando ninguém lhe dá parabéns por você ser engraçado, aquele silêncio sombrio quando a internet não responde. Ela embarcou no avião. Era um voo de 11 horas. Justine dormiu. Quando aterrissou, ela ligou o celular, e ali estava uma mensagem de texto de alguém com quem Justine não falava desde o ensino médio: "Sinto muito por isso estar acontecendo."

Ela releu a mensagem, confusa.

— Então meu celular começou a explodir com mensagens — disse Justine.

Tínhamos essa conversa três semanas depois no — escolha dela — restaurante Cookshop, em Nova York. Era o mesmíssimo restaurante em que Michael relatara o conto da destruição de Jonah. Estava se tornando, para mim, o Restaurante das Histórias de Vidas Destruídas. Mas nem era realmente uma coincidência. O lugar ficava perto do prédio no qual os dois trabalhavam. Michael recebera uma oferta de emprego no *Daily Beast* como resultado do grande furo jornalístico com Jonah, e Justine tinha um escritório no andar acima, onde gerenciava o departamento de relações públicas da empresa multimídia IAC — que era dona do Vimeo, da OkCupid e do Match.com. O motivo pelo qual ela queria me encontrar ali e por que usava as roupas de aparência cara era: às 18h, Justine deveria subir e esvaziar a mesa.

Justine estava ainda na pista do aeroporto da Cidade do Cabo quando uma segunda mensagem de texto surgiu: "Você precisa me ligar imediatamente." Era de sua melhor amiga, Hannah. "Você é o *trending topic* mundial número um no Twitter agora."

"*Motivado pelo repulsivo tuíte racista de @JustineSacco, vou doar para a @care hoje.*" E, "*Como @JustineSacco conseguiu um emprego de RP?! O nível de sua ignorância racista se encaixa na Fox News. #aids pode afetar qualquer um!*" E, "*Não há palavras para aquele puta tuíte horrível, nojento e racista de Justine Sacco. Estou mais que horrorizado.*" E, "*Sou funcionário da IAC e não quero @JustineSacco fazendo mais nenhum comunicado em nosso nome de novo. Nunca mais.*" E, "*Todos denunciem essa vagabunda @JustineSacco.*" Da empresa dela, a IAC, "*Esse é um comentário ultrajante e ofensivo. A funcionária em questão está atualmente incomunicável em voo internacional.*" E, "*Fascinada com a destruição de @JustineSacco. É global e ela aparentemente *ainda está no avião*.*" E, "*Tudo o que quero de Natal é ver a cara da @JustineSacco quando o avião dela aterrissar e ela verificar a caixa de entrada/correio de voz.*" E ainda, "*Ai, cara, @JustineSacco aterrissa em uns nove minutos, vai ser interessante.*" E, "*Estamos prestes a assistir essa vaca da @JustineSacco ser demitida. Em tempo REAL. Antes que ela ao menos SAIBA que vai ser demitida.*" De Hannah, que rapidamente deixou de seguir o perfil de Justine no Twitter, "*Desculpe @JustineSacco — seu tuíte viverá para sempre.*" E assim por diante, em um total de 100 mil tuítes, de acordo com cálculos feitos pelo site Buzzfeed, até semanas depois: *Cara, lembra de Justine Sacco? #HasJustineLandedYet. Nossa, aquilo foi incrível. MILHÕES de pessoas esperando que ela aterrissasse.*

Certa vez, perguntei à vítima de um acidente de carro como era estar em uma colisão. Ela disse que a lembrança mais esquisita que tinha era de como, em um segundo, o carro era seu amigo, trabalhando para ela, o interior projetado para acolher seu corpo perfeitamente, tudo era macio, brilhante e luxuoso; e então, em um piscar de olhos, se tornara uma arma de tortura afiada — como se ela estivesse dentro de uma dama de ferro. O amigo tinha se tornado seu pior inimigo.

Ao longo dos anos, me sentei a mesas diante de muita gente cujas vidas tinham sido destruídas. Em geral, o agente destruidor era o governo, as Forças Armadas ou grandes corporações, ou, como no caso de Jonah Lehrer, basicamente elas mesmas (pelo menos a princípio com Jonah — nós assumimos o posto quando ele tentou pedir desculpas). Justine Sacco parecia a primeira pessoa que eu entrevistava que tinha sido destruída por *nós*.

•

O Google tem uma ferramenta — Google AdWords — que diz quantas vezes seu nome foi pesquisado durante qualquer mês. Em outubro de 2013, Justine foi pesquisada trinta vezes. Em novembro de 2013, ela foi pesquisada trinta vezes. Durante os 11 dias entre 20 de dezembro e o fim daquele mês, ela foi pesquisada 1.220 milhão de vezes.

Um homem esperava por Justine no aeroporto da Cidade do Cabo. Ele era um usuário do Twitter, @Zac_R. O homem tirou uma foto de Justine e postou na internet. *Sim, escreveu ele, @JustineSacco ATERRISSOU de fato no aeroporto internacional da Cidade do Cabo. Ela decidiu usar óculos escuros como disfarce.*

Justine Sacco (de óculos escuros) no aeroporto
da Cidade do Cabo.
Fotografado por @Zac_R e reproduzido com
a permissão dele.

Três semanas tinham se passado desde que Justine apertara "Enviar" naquele tuíte. O *New York Post* a seguia até na academia. Jornais reviravam os tuítes dela em busca de mais declarações terríveis.

E o prêmio de tuíte mais classudo de todos os tempos vai para... "Tive um sonho erótico com uma criança autista ontem à noite."
(4 de fevereiro de 2012)

— "16 tweets Justine Sacco regrets
[16 tuítes dos quais Justine Sacco se arrepende]",
Buzzfeed, 20 de dezembro de 2013.

Justine me contou que aquela seria a única vez em que ela falaria com um jornalista sobre o que lhe acontecera. Era doloroso demais. E desaconselhável: "Como relações-públicas", disse Justine por e-mail, "não acho que recomendaria a um cliente que participasse de seu livro. Fico muito nervosa com isso. Estou realmente apavorada por me deixar exposta a ataques futuros. Mas acho que é necessário. Quero que alguém mostre como minha situação é louca."

Era louca porque:

— Apenas uma pessoa *insana* pensaria que brancos não pegam aids. — Essa foi uma das primeiras coisas que ela me disse quando se sentou. — Para mim, foi um comentário tão louco para um americano fazer que pensei que de forma alguma alguém pensaria que era uma afirmação literal. Sei que há pessoas horríveis aí, que não gostam de outras pessoas e que são, no todo, más. Mas essa não sou eu.

Justine estava no avião fazia umas três horas — provavelmente dormindo ao sobrevoar a Espanha ou a Argélia — quando retuítes do tuíte dela começaram a lotar minha timeline do Twitter. Depois de um inicial e alegrinho: "Ah, uau, alguém está *fodido*", comecei a pensar que aqueles que a humilhavam deviam estar tomados por algum tipo de loucura coletiva, ou algo assim. Parecia óbvio que o tuíte de Justine, embora não fosse uma boa piada, não era racista, mas um comentário autorreflexivo sobre os privilégios de brancos — sobre nossa tendência de ingenuamente nos imaginar imunes aos horrores da vida. Não era?

"Foi uma piada sobre uma situação que existe", contou Justine por e-mail. "Foi uma piada sobre uma situação terrível que existe na África do Sul pós-apartheid, e à qual não damos atenção. Foi um comentário completamente revoltado sobre as estatísticas desproporcionais da aids. Infelizmente, não sou uma personagem de South Park ou uma comediante, então não cabia a mim comentar sobre a epidemia de um modo tão politicamente incorreto em uma plataforma pública. Para resumir, eu não estava tentando conscientizar as pessoas sobre a aids, irritar o mundo ou destruir minha vida. Morar nos Estados Unidos nos coloca em uma espécie de bolha no que diz respeito ao que está acontecendo no Terceiro Mundo. Eu estava debochando dessa bolha."

Na verdade, certa vez eu fiz uma piada semelhante — porém mais engraçada — em uma coluna para o *Guardian*. Era sobre a vez em que peguei um voo para os Estados Unidos e fui enviado para "triagem secundária" (havia um assassino mafioso em fuga na época com um nome que aparentemente soava bastante como Jon Ronson). Fui levado para uma sala de detenção lotada e instruído a esperar.

Há placas por todos os lados dizendo: "O uso de celulares é estritamente proibido." Tenho certeza de que não vão se importar se *eu* verificar minhas mensagens de texto, acho. Quero dizer, afinal de contas, eu *sou* branco.

Minha piada foi mais engraçada do que a de Justine. Foi mais bem-formulada. Além disso, como não mencionou as vítimas de aids, foi menos desagradável. Então: a minha foi mais engraçada, mais bem-formulada e menos desagradável. Mas, de repente, me fez pensar naquela cena de roleta-russa em *O franco-atirador*, quando Christopher Walken leva a arma à cabeça, solta um grito, puxa o gatilho e a arma não dispara. Foi, em grande parte, culpa da própria Justine que tantas pessoas tenham achado que ela era racista. O sarcasmo autorreflexivo foi mal-formulado, a *persona* geral dela no Twitter era bastante frágil. Porém, eu não precisei pensar no tuíte de Justine por mais do que alguns segundos antes de entender o que ela estava tentando dizer. Devia haver, entre aqueles que a humilhavam, muita gente que escolheu compreender errado, por algum motivo.

— Não consigo entender direito o que está acontecendo com o mundo — disse Justine. — Eles pegaram meu nome e minha foto e criaram uma Justine Sacco que não sou eu, e rotularam essa pessoa como racista. Penso que se eu sofresse um acidente de carro amanhã e perdesse a memória, e então voltasse e pesquisasse a meu respeito no Google, essa seria minha nova realidade.

Foi quando me lembrei de como me senti tão estranhamente difamado quando os homens do *spambot* criaram um Jon Ronson falso, errando totalmente minha personalidade, me transformando em um comilão tagarela e fútil, e estranhos acreditaram que era eu, e não havia nada que eu pudesse fazer. Era o que estava acontecendo com Justine, embora, em vez de uma comilona, ela tenha virado racista, e em vez de cinquenta pessoas, eram 1.220 milhão.

Jornalistas devem ser corajosos. Devemos enfrentar a injustiça e não temer multidões ensandecidas. Mas nem Justine, nem eu víamos muita bravura na forma como a história dela foi reportada.

— Mesmo artigos sobre como "qualquer um de nós poderia ter um momento Justine Sacco" vinham com a ressalva "de MANEIRA NENHUMA estou defendendo o que ela disse" — contou Justine.

(...) Por mais vil que tenha sido o sentimento expressado por ela, há algumas circunstâncias atenuantes em potencial, que não justificam o comportamento, mas podem atenuar a má ação de alguma forma. Por mais repulsiva que tenha sido a piada, há uma diferença entre discurso de ódio direto e até mesmo a mais descuidada tentativa de humor (...)

— Andrew Wallenstein, "Sympathy for This Twitter Devil" [Compaixão pela demônia do Twitter], *Variety*, 22 de dezembro de 2013.

Andrew Wallenstein foi mais corajoso do que a maioria. Mas, mesmo assim, parecia que a velha mídia dizia à mídia social: "Não me machuque."

Justine fez uma declaração se desculpando. Ela interrompeu as férias com a família na África do Sul "por uma questão de segurança. Os funcionários dos hotéis em que fizera reserva ameaçavam entrar em greve caso eu aparecesse. Disseram que ninguém poderia garantir minha segurança". Pela internet se espalhou a notícia de que Justine era herdeira de uma fortuna de 4,8 bilhões de dólares, o pai era o magnata sul-africano da mineração Desmond Sacco. Presumi que fosse verdade até que mencionei os bilhões de Justine durante o almoço e ela me olhou como se eu fosse louco.

— Eu cresci em Long Island — disse Justine.

— Não em uma mansão estilo Jay Gatsby? — perguntei.

— Não em uma mansão estilo Jay Gatsby. Minha mãe foi solteira minha vida toda. Ela era comissária de bordo. Meu pai vendia tapetes.

(Mais tarde, Justine me contou por e-mail que, embora tivesse "crescido com uma mãe solteira que era comissária de bordo e trabalhasse em dois empregos, quando eu tinha 21 ou 22 anos, ela se casou bem. Meu padrasto está muito bem de vida, e acho que havia uma foto do carro da minha mãe em meu Instagram, o que deu a impressão de que venho de uma família rica. Então, talvez esse seja outro motivo pelo qual as pessoas presumiram que eu era mimada. Não sei. Mas achei que valia a pena mencionar".)

Anos atrás, entrevistei alguns supremacistas brancos do complexo das Nações Arianas de Idaho a respeito da convicção deles de que o Grupo Bilderberg — uma reunião anual secreta de políticos e líderes executivos — era uma conspiração judaica.

— Como podem chamar de conspiração judaica quando praticamente nenhum judeu participa dela? — perguntei a eles.

— Podem não ser judeus de verdade — respondeu um —, mas são... — Ele fez uma pausa. —...meio judeus.

Então, era assim que as coisas funcionavam: nas Nações Arianas, não era preciso ser judeu para ser um judeu. E o mesmo valia para o Twitter, com a racista rica Justine Sacco, que não era particularmente rica, nem racista. Porém, não importava. Bastava que meio que parecesse que era.

Sua família apoiava o Congresso Nacional Africano. Uma das primeiras coisas que a tia de Justine disse a ela quando chegou à sua casa do aeroporto da Cidade do Cabo foi: "Não é isso que nossa família representa. E, agora, por associação, você quase manchou todos nós."

Nesse ponto da história, Justine começou a chorar. Eu fiquei sentado, olhando para ela por um momento. Em seguida, tentei dizer algo esperançoso para melhorar seu humor.

— Às vezes as coisas precisam chegar a um auge cruel antes que as pessoas caiam em si, Justine. Portanto, talvez você seja nosso auge cruel.

— Uau... — Justine enxugou as lágrimas. — De todas as coisas que eu poderia ser na consciência coletiva da sociedade, jamais me passou pela cabeça acabar como o auge cruel.

Uma mulher se aproximou de nossa mesa — a gerente do restaurante. Ela se sentou ao lado dela, encarando-a com o olhar empático, então disse algo tão baixo que não consegui ouvir.

— Ah, você acha que vou me sentir *grata* por isso? — respondeu Justine.

— Sim, você vai — afirmou a mulher. — Cada passo nos prepara para o próximo, principalmente quando não temos essa perspectiva. Sei que você não consegue ver agora. Tudo bem, entendo. Mas vamos lá. Você tinha mesmo o seu emprego *dos sonhos*?

Justine a olhou.

— Acho que tinha — respondeu ela.

•

Recebi um e-mail de um jornalista do *Gawker*, Sam Biddle — o homem que pode ter começado o massacre contra Justine. Um dos 170 seguidores dela lhe enviara o tuíte. Biddle o retuitou para seus 15 mil seguidores. E foi assim que tudo pode ter começado.

"O fato de ela ser chefe de relações públicas tornou a situação deliciosa", contou Sam por e-mail. "É satisfatório poder dizer: 'Ok, vamos fazer com que um tuíte racista de uma funcionária sênior da IAC faça a diferença desta vez.' E eu fiz. Faria de novo."

A destruição dela era justificada, dizia Sam Biddle, porque Justine era racista e porque atacá-la significava comprar uma briga com um cachorro grande. Estavam enfrentando um membro da elite da mídia, dando continuidade à tradição de direitos civis que teve início com Rosa Parks, os até então oprimidos arrasando uma poderosa racista. Mas não achei que nenhuma dessas coisas fosse verdade. Se nocautear Justine Sacco era comprar briga com um cachorro grande — e não foi o que me pareceu, considerando que ela era uma relações-públicas desconhecida com 170 seguidores no Twitter —, a briga piorou quando Justine foi ao chão. Nocautear Jonah Lehrer também não era comprar briga com um cachorro grande — não quando ele implorava por perdão diante daquela tela gigante de publicações do Twitter.

Uma vida tinha sido destruída. Para quê? Apenas para criar um pouco de drama nas mídias sociais? Acho que nossa predisposição natural como seres humanos é nos deixar levar pela corrente até ficarmos velhos e pararmos. Mas, com as mídias sociais, montamos um palco para grandes dramas artificiais e constantes. Todo dia uma pessoa nova surge como um herói magnífico ou um vilão nauseante. É tudo muito radical, e não da forma como somos, de verdade, enquanto pessoas. Que tipo de prazer tomava conta de nós em momentos como esse? O que conseguíamos com isso?

Percebi que Sam Biddle também achava aquilo assustador — como quando se dispara uma arma e o poder dela impulsiona seu corpo violentamente para trás. Ele disse que ficou "surpreso" ao ver como Justine foi destruída tão rápido: "Jamais acordo desejando conseguir demitir uma pessoa naquele dia — e certamente nunca almejo destruir a vida de alguém." Mesmo assim, concluía ele no e-mail, Biddle tinha a sensação de que Justine ficaria "bem no fim das contas, se já não estivesse. A duração da atenção das pessoas é tão curta. Vão surtar com alguma outra coisa hoje".

•

Quando Justine me deixou naquela tarde para esvaziar a mesa, ela só chegou até o saguão do prédio do escritório antes de desabar em lágrimas. Mais tarde, nos falamos de novo. Contei a ela o que Sam Biddle tinha dito — sobre como provavelmente ela estava bem agora. Eu tinha certeza de que o jornalista não fora insensível de propósito. Ele era exatamente como todas as pessoas que participam de uma destruição em massa on-line. Quem iria querer saber das consequências? Seja lá o que for aquela descarga de prazer que toma conta de nós — loucura coletiva ou coisa assim —, ninguém quer estragá-la ao encarar o fato de que aquilo tem um preço.

— Olha... não estou bem — disse Justine. — Estou sofrendo de verdade. Eu tinha uma carreira ótima e amava meu emprego, que foi tirado de mim, o que acham que foi muito justo. Todo mundo está muito *feliz* com isso. Chorei até minhas lágrimas acabarem nas primeiras 24 horas. Foi incrivelmente traumático. Você não dorme. Acorda no meio da noite e esquece onde está. De repente, não sabe o que deve fazer. Não tem horários. Não tem... — Ela fez uma pausa. — ... propósito. Tenho 30 anos. Tinha uma ótima carreira. Se não tiver um plano, se não começar a tomar providências para retomar minha vida e me lembrar de quem sou todos os dias, posso me perder. Sou solteira. Então, não é como se eu pudesse sair com alguém, porque

procuramos no Google todas as pessoas com quem saímos. Portanto, isso também foi tirado de mim. Como vou conhecer gente nova? O que vão pensar de mim?
Justine perguntou quem mais estaria no meu livro sobre pessoas que tinham sido publicamente humilhadas.
— Bem, Jonah Lehrer, até agora — respondi.
— Como ele está? — quis saber ela.
— Bem mal, acho.
— Mal como? — Justine parecia preocupada, creio que mais pelo que aquilo poderia profetizar a respeito do futuro dela do que por Jonah.
— Imagino que ele esteja arrasado.
— Quando diz que Jonah parece arrasado, o que quer dizer?
— Acho que ele está arrasado, Justine, e que as pessoas confundem isso com falta de vergonha — respondi.
As pessoas estavam mesmo muito inclinadas a imaginar Jonah como um sem-vergonha, como se lhe faltasse essa qualidade, como se ele fosse algo não humano que adotara forma de gente. Creio que não seja surpreendente sentirmos a necessidade de desumanizar aqueles que ferimos — antes, durante ou depois de ferir. Mas é sempre uma surpresa. Na psicologia, isso é conhecido como dissonância cognitiva. É a teoria de que parece estressante e doloroso para nós ter duas ideias contraditórias ao mesmo tempo (como acreditar que somos pessoas boas e saber que acabamos de destruir alguém). Assim, para aliviar a dor, criamos formas ilusórias de justificar nosso comportamento contraditório. É como quando eu fumava e torcia para que o vendedor me entregasse o maço que dizia "Fumar causa envelhecimento de pele", em vez do

que afirmava "Fumar mata", porque... envelhecimento de pele? Eu não me importava com *isso*.

Justine e eu concordamos em nos encontrar de novo, mas só dali a algum tempo, pediu. Nos encontraríamos em cinco meses. "Quero me certificar de que essa não seja a minha história", contou ela por e-mail. "Não posso simplesmente ficar sentada em casa, ver filmes todo dia, chorar e sentir pena de mim mesma. Vou dar a volta por cima." Ela não era como Jonah. "Jonah mentiu diversas vezes. Ele era uma fraude. Não sei como alguém se recupera depois de sacrificar a própria personalidade e mentir para milhões de pessoas. Só preciso acreditar que existe uma diferença clara entre isso e eu ter escrito uma piada de mau gosto. Fiz algo estúpido, mas não destruí minha integridade."

Justine disse que sua nova missão era evitar se afundar em "depressão e autodepreciação. Acho que os próximos cinco meses serão fundamentais para mim, e então vamos ver no que dá".

Ela não suportava a ideia de ficar preservada nas páginas de meu livro como um caso triste. Estava determinada a mostrar às pessoas que a haviam esmagado que poderia dar a volta por cima.

— Como posso contar minha história — disse Justine —, quando isto é, na verdade, apenas o começo?

•

No dia seguinte ao meu almoço com Justine, peguei o trem para Washington D.C. para encontrar alguém que eu tinha prejulgado como um homem assustador: um temível narcisista americano — o juiz Ted Poe. Durante vinte anos em Houston, Texas, a marca registrada nacionalmente famosa de Poe era humilhar publicamente réus dos modos mais espalhafatosos que ele podia imaginar, "usando cidadãos como personagens em seu teatro do absurdo particular", como o escritor de textos jurídicos Jonathan Turley colocou certa vez.

Considerando a necessidade cada vez mais intensa da sociedade de humilhar publicamente as pessoas, eu queria conhecer alguém que fazia isso profissionalmente há décadas. O que os cidadãos que provocam a humilhação nos dias atuais pensariam de Ted Poe — da personalidade e das motivações dele — agora que estavam basicamente se tornando o juiz? Que impacto tivera o frenesi de humilhações dele no seu mundo — nos malfeitores, nos observadores e nele mesmo?

As punições de Ted Poe às vezes eram tolas — ordenar que condenados por crimes menores limpassem esterco etc. —, e às vezes eram tão engenhosas quanto uma pintura de Goya. Como a que ele impôs a um adolescente de Houston, Mike Hubacek. Em 1996, Hubacek dirigia bêbado a 160 quilômetros por hora sem farol. Ele se chocou contra uma van que levava um casal e a babá deles. O marido e a babá morreram. Poe sentenciou Hubacek a 110 dias de treinamento correcional. Além disso, *durante dez anos* ele deveria: segurar uma vez por mês, diante de instituições de ensino e bares, uma placa que dizia MATEI DUAS PESSOAS POR DIRIGIR BÊBADO; erguer uma cruz e uma estrela de davi na cena do acidente e fazer a manutenção de ambas; manter fotografias das vítimas na carteira; enviar dez dólares toda semana a um fundo memorial em nome das vítimas; observar a autópsia de uma pessoa morta em um acidente de carro provocado por embriaguez ao volante.

Punições como essa se provaram psicologicamente torturantes demais para outras pessoas. Em 1982, um garoto de 17 anos chamado Kevin Tunell matou uma garota, Susan Herzog, ao dirigir embriagado perto de Washington D.C. Os pais dela o processaram e ganharam o direito a 1,5 milhão de dólares por danos. Mas ofereceram um acordo ao garoto. A multa seria reduzida para 936 dólares se ele lhes mandasse um cheque por correio, no valor de um dólar, em nome de Susan, toda sexta-feira durante 18 anos. O garoto aceitou a oferta, agradecido.

Anos mais tarde, o rapaz começou a deixar de pagar, e, quando os pais de Susan o levaram a julgamento, ele se mostrou arrasado. Sempre que preenchia o nome dela, disse o garoto, a culpa o destruía: "Dói demais", disse ele. Ele tentou dar aos Herzog duas caixas de cheques pré-preenchidos, datados em um por semana, até o fim de 2001, um ano além do que era requerido. Mas os pais se recusaram a aceitar.

Os críticos do juiz Ted Poe — como o grupo de direitos civis ACLU — debateram com ele os perigos dessas punições severas, sobretudo aquelas que eram executadas em público. Disseram não ser coincidência a humilhação pública ter renascido na China de Mao e na Alemanha de Hitler, e nos Estados Unidos da Ku Klux Klan: ela destrói almas, brutaliza a todos, inclusive aos observadores, desumaniza-os tanto quanto a pessoa que é humilhada. Como Poe poderia pegar alguém com a autoestima tão baixa a ponto de precisar, por exemplo, roubar uma loja, e então exibir essa pessoa ao ridículo público sancionado por um tribunal?

Entretanto, Poe afastou as críticas. Criminosos não tinham *baixa* autoestima, replicou ele. Era exatamente o oposto. "As pessoas que vejo têm autoestima *boa demais*", contou Poe ao *Boston Glove* em 1997. "Alguns dizem que todos deveriam ter autoestima alta, mas, às vezes, as pessoas deveriam *mesmo* se sentir mal."

Os métodos de humilhação de Poe eram tão admirados pela sociedade de Houston que ele acabou sendo eleito para o Congresso como representante do Segundo Distrito Congressional do Texas. Poe é atualmente o "maior orador do Congresso", de acordo com o *Los Angeles Times*, tendo feito 431 discursos entre 2009 e 2011 contra o aborto, imigrantes ilegais, saúde pública etc. Ele sempre termina os discursos com o bordão: "E é assim que as coisas são!"

— Não era o "teatro do absurdo". — Ted Poe estava sentado diante de mim no escritório dele, no prédio de escritórios Rayburn House, em Washington DC.

Eu acabara de citar para ele a frase da crítica de Jonathan Turley — *usando cidadãos como personagens em seu teatro do absurdo particular* —, e Poe se irritava. Ele usava botas de caubói sob o terno — outra de suas marcas registradas, junto com o bordão e a humilhação. Tinha o olhar e os trejeitos do amigo George W. Bush.

— Era o teatro do *diferente* — disse Poe.

O prédio Rayburn é onde todos os congressistas têm seus escritórios. Cada porta é decorada com a bandeira do estado do congressista do lado de dentro: as águias-carecas de Illinois e de Dakota do Norte, o urso da Califórnia, a cabeça de cavalo de Nova Jersey e o estranho pelicano sangrando da Louisiana. O escritório de Poe emprega texanos bonitos e de aparência séria, e texanas bonitas que foram educadíssimas comigo, mas ignoraram completamente meus e-mails subsequentes pedindo esclarecimentos. Embora o juiz tenha encerrado a entrevista com um aperto de mão caloroso, suspeito que, assim que saí da sala tenha dito à equipe: "Aquele homem era um idiota. Ignorem todos os futuros pedidos dele por e-mail."

Poe relatou para mim algumas das suas humilhações preferidas:

— Como o jovem que amava a adrenalina de roubar. Eu poderia tê-lo colocado na cadeia. Mas decidi que precisava carregar uma placa por sete dias: ROUBEI DESTA LOJA. NÃO SEJA UM LADRÃO, OU ESTE PODERÁ SER VOCÊ. Ele era supervisionado. Fizemos toda a segurança. Estava tudo perfeito para não dar motivo para pessoas que se preocupavam com segurança reclamarem. No fim da semana, o gerente da loja me ligou: "A semana inteira, não tive nenhum roubo na loja!" O homem adorou.

— Mas o senhor não está transformando o sistema de justiça criminal em entretenimento? — perguntei.

— Pergunte ao cara lá fora — respondeu Ted Poe. — Ele não acha que está entretendo ninguém.

— Não estou falando dele, e sim do efeito que isso tem nas pessoas que observam.

— O público gostou. — Poe assentiu com a cabeça. — As pessoas paravam e falavam com ele sobre seu comportamento. Uma moça quis levar o garoto para a igreja no domingo para salvá-lo! Ela queria *mesmo*! — Poe soltou uma risada texana longa e esganiçada. — Ela disse: "Venha comigo, pobrezinho!" No fim da semana, eu o levei de volta à corte. O rapaz disse que foi a coisa mais humilhante que já lhe acontecera. Isso mudou sua conduta. Por fim, tirou um diploma de bacharel. Tem um negócio em Houston agora. — Poe parou por um instante. — Coloquei um bom número de pessoas na penitenciária. Delas, 66% voltaram para a prisão. Contudo, nunca voltamos a ver 85% das pessoas que humilhamos publicamente. Foi vergonhoso demais para elas da primeira vez. Não era o *teatro do absurdo*. Era o teatro do *resultado*. Funcionava.

Poe estava sendo irritantemente convincente, embora o argumento da reincidência fosse capcioso. Era muito mais provável que ele sentenciasse um réu primário à humilhação — alguém que já estava se sentindo assustado, com remorso e determinado a mudar. Mas, mesmo assim, eu estava aprendendo coisas inesperadas sobre a humilhação pública nos dias de hoje.

Tinha começado mais cedo naquela manhã, no quarto do hotel, quando liguei para Mike Hubacek, o adolescente que matara duas pessoas ao dirigir embriagado em 1996. Eu queria que ele descrevesse a sensação de ser forçado a caminhar de um lado para outro do acostamento segurando uma placa que dizia MATEI DUAS PESSOAS AO DIRIGIR BÊBADO. Mas primeiro falamos sobre o acidente. Ele me contou que, nos primeiros seis meses após o ocorrido, permanecera deitado na cela da prisão, rememorando o acidente sem parar.

— Que imagens lhe ocorriam? — perguntei a ele.

— Nenhuma — respondeu Mike. — Eu tinha apagado completamente durante o acidente, e não me lembro de nada. Mas pensava nele todos os dias. Ainda penso. É parte de mim. Sofri muita culpa por ter sobrevivido. Na época, quase me convenci de que estava em um purgatório. Vivia para sofrer. Fiquei mais de um ano e meio sem olhar em um espelho. Você aprende a se barbear usando a mão como guia.

No purgatório, contou Mike, ele se resignara a uma vida de encarceramento. Mas então Ted Poe de repente o tirara dela. E Mike subitamente se vira andando de um lado para o outro do acostamento, segurando aquela placa.

E ali, na beira da estrada, ele entendera que havia um propósito para sua vida: poderia basicamente se tornar uma placa viva que avisava às pessoas que não dirigissem bêbadas. Então, hoje em dia, dá palestras em escolas sobre os riscos. Mike é dono de um lar de transição para alcoólatras — Sober Living Houston. E dá ao juiz Ted Poe o crédito por tudo isso.

— Serei eternamente grato a ele — disse Mike.

Minha viagem a Washington D.C. não estava saindo como eu esperava. Presumi que o juiz Ted Poe seria uma pessoa tão ruim e um exemplo tão negativo que aqueles que fazem humilhações nas mídias sociais ficariam horrorizados ao se dar conta de que era aquilo que eles estavam se tornando, e jurariam mudar seu jeito de ser. Mas Mike Hubacek achou que a humilhação dele tinha sido a melhor coisa que já lhe acontecera na vida. Isso era especialmente verdadeiro, segundo Mike, porque os observadores tinham sido tão bonzinhos. Ele teve medo de agressões e de ser ridicularizado. Mas não foi assim.

— Noventa por cento das respostas na rua foram "Deus o abençoe" e "As coisas vão ficar bem" — contou Mike.

O carinho delas significou muito, segundo ele. Fez tudo ficar bem. E o colocou no caminho da salvação.

— As humilhações nas mídias sociais são *piores* do que as suas humilhações — disse eu, de súbito, para Ted Poe.

Ele pareceu surpreso.

— *São* piores — respondeu Poe. — São anônimas.

— E mesmo que elas não sejam anônimas, a quantidade de pessoas que se junta para atacar alguém é tão grande que poderiam muito bem ser.

— São *cruéis* — afirmou Poe.

Foi quando me dei conta de que, ao longo de nossa conversa, eu vinha usando o pronome "elas". E sempre que usava, parecia que estava sendo covarde. A verdade era que *elas* não eram cruéis. *Nós* éramos cruéis.

Nos primórdios do Twitter, não havia humilhações. Éramos Eva no Jardim do Éden. Conversávamos sem timidez. Como alguém escreveu na época: "O Facebook é onde você mente para seus amigos, o Twitter é onde você conta a verdade a estranhos." Ter conversas engraçadas e honestas com pessoas amigáveis que eu não conhecia me fez superar tempos difíceis que passava na vida real. Então vieram as humilhações de Jan Moir e da LA Fitness — humilhações que eram motivos de orgulho —, e me lembrei de como foi interessante quando milionários até então distantes, como Rupert Murdoch e Donald Trump, criaram as próprias contas no Twitter. Pela primeira vez na história, nós meio que tínhamos acesso direto a oligarcas de elite como eles. Nós viramos vigias ansiosos em busca de transgressões.

Depois de um tempo, paramos de buscar apenas transgressões, e nos focamos em erros de comunicação.

A fúria diante da monstruosidade de outros começara a nos consumir bastante. E o ódio que isso causava parecia cada vez mais desproporcional a qualquer que fosse a coisa idiota que alguma celebridade tivesse dito. Parecia diferente da sátira, do jornalismo ou da crítica. Parecia punição. Na verdade, havia uma sensação de estranhamento e de vazio quando não havia ninguém de quem sentir raiva. Os dias entre as humilhações pareciam períodos monótonos e chatos.

Fiquei espantado com a crueldade das pessoas que dilaceravam Jonah enquanto ele tentava pedir desculpas. Mas *elas* não eram a multidão raivosa. *Nós* éramos a multidão raivosa. Eu estava alegremente agindo como elas no ano anterior ou além. Tinha caído em mim. Quem eram as vítimas de minhas humilhações? Eu mal conseguia lembrar. Só guardava uma vaga lembrança de quem eu atacara e da coisa terrível que a pessoa fizera para merecer isso.

Isso se deve em parte ao fato de minha memória ter se degenerado muito nos últimos anos. Na verdade, há pouco tempo eu fui a um spa — minha esposa reservou para mim como surpresa, o que mostra que ela não me conhece, porque não gosto de ser tocado — e, ali, deitado naquela mesa de massagem, a conversa se voltou para minha memória ruim.

— Mal consigo me lembrar da infância! — comentei com a massagista. — Tudo se foi!

— Muita gente que não consegue se lembrar da infância — respondeu ela, enquanto massageava meus ombros — no fim das contas foi abusada sexualmente. Pelos pais.

— Bem, DISSO eu me lembraria — garanti.

No entanto, não era apenas culpa da minha memória terrível. Era o volume de transgressores que eu havia castigado. Como poderia me comprometer a lembrar de tanta gente? Bem, tinha os caras do *spambot*. Por um segundo, no escritório de Poe, recordei com gosto o momento em que alguém sugerira que ateássemos fogo nos escrotos. Aquilo me dera uma sensação tão boa que parecia uma pena me censurar — questionar por que aquilo me divertira tanto.

— O sistema judiciário no Ocidente tem muitos problemas — disse Poe —, mas ao menos há regras. Você tem direitos básicos como réu. Tem seu dia no tribunal. Porém, quando é acusado na internet, não tem direito algum. E as consequências são piores. É uma febre mundial.

Pareceu tão bom ver o equilíbrio do poder mudar, de modo que alguém como ele se sentisse incomodado com pessoas como nós. Mas Poe não condenaria um indivíduo a segurar uma placa afirmando ter feito alguma coisa pela qual não tivesse sido condenada. Ele não sentenciaria alguém por contar uma piada que soou errada. Aqueles que estávamos destruindo não eram mais apenas gente como Jonah: figuras públicas que tinham cometido transgressões de verdade. Eram indivíduos particulares que realmente não tinham feito nada muito errado. Seres humanos comuns que eram forçados a aprender a fazer controle de danos, como corporações que tivessem cometido desastres de relações públicas. Era muito estressante.

— Somos *mais assustadores do que você* — falei para Poe, me sentindo horrorizado.

Poe se recostou no espaldar, satisfeito.

— Vocês são muito mais assustadores — concordou ele. — Vocês são muito mais assustadores.

Éramos muito mais assustadores do que o juiz Ted Poe. As pessoas poderosas, loucas, cruéis sobre quem eu costumo escrever em geral estão em lugares distantes. As pessoas poderosas, loucas e cruéis agora somos nós.

Parecia que éramos soldados em uma guerra contra as falhas dos outros, e, de repente, ocorrera um aumento de ataques.

5

O HOMEM DESCE VÁRIOS DEGRAUS NA ESCADA DA CIVILIZAÇÃO

Loucura coletiva. Seria essa a explicação para nosso frenesi de humilhação, nossa guerra crescente contra os erros? Essa é uma ideia invocada por cientistas sociais sempre que uma multidão se torna assustadora. Tome como exemplo os tumultos de Londres de agosto de 2011. A violência começou com a polícia atirando e assassinando um homem de Tottenham, Mark Duggan. Um protesto se seguiu, que se transformou em cinco dias de tumulto e saques. Os manifestantes estavam em Camden Town, a 1,6 quilômetro de minha casa, destruindo restaurantes de kebab e lojas da JB Sports, Dixons e Vodafone. Então foram para Kentish Town, oitocentos metros ao sul de nós. Trancamos as portas em desespero e assistimos, horrorizados, ao noticiário na TV. A multidão se tonara "contaminada" — de acordo com o dr. Gary Slutkin, da Organização Mundial de Saúde, citado no *Observer* — por um "vírus que infecta a mente e causa uma violência coletiva comunal motivada pelo pensamento coletivo". Parecia um filme de zumbi. No *Guardian*, Jack Levin — professor de sociologia e criminologia da Universidade Northeastern, de Boston — chamou os tumultos de "a versão violenta da *ola* mexicana (...) As pessoas são infectadas por contágio emocional. É uma característica de todos os tumultos (...) Os participantes se reúnem em grupo e cometem atos de violência que jamais sonhariam cometer individualmente".

Por sorte, os tumultos se dissiparam na base da colina em que vivíamos, naquela noite. E, agora que penso a respeito, aquilo não pareceu uma versão violenta da *ola* mexicana. Se os manifestantes tivessem mesmo perdido a cabeça por causa de um vírus assustador, era de se pensar que teriam subido a colina. A nossa, Highgate West Hill, é bastante íngreme — uma das mais íngremes de Londres. Acho que não subir foi uma decisão extremamente lúcida da parte deles.

Na verdade, o conceito de loucura coletiva foi criação de um médico francês do século XIX chamado Gustave Le Bon. A ideia dele era que humanos perdem totalmente o controle em uma multidão. Nosso livre-arbítrio evapora. Uma loucura contagiosa toma conta, uma total falta de freio. Não conseguimos nos conter. Então, participamos de revoltas, ou alegremente destruímos Justine Sacco.

Não foi fácil obter informações sobre Gustave Le Bon. Para o pai de uma teoria tão duradoura, quase nada foi escrito a seu respeito. Apenas um homem tentou reconstituir a história da vida dele — Bob Nye, um professor de história intelectual europeia, da Universidade do Estado do Oregon.

— Le Bon era de uma cidade provinciana no Oeste da França — disse-me Nye ao telefone. — Mas decidiu que queria fazer medicina em Paris...

Essa era uma França tão temerosa das massas que, em 1853, quando Le Bon tinha 12 anos, Napoleão III incumbiu o planejador urbano Georges-Eugène Haussmann de demolir as sinuosas ruas medievais de Paris e construir longos e amplos bulevares em seu lugar — planejamento urbano como controle de manifestações. Não funcionou. Em 1871, trabalhadores parisienses se revoltaram contra suas condições. Eles tomaram reféns — burocratas locais e policiais —, que foram sumariamente julgados e executados. O governo fugiu para Versalhes.

Como grande admirador da elite parisiense que era (embora a elite parisiense não parecesse nem um pouco interessada nele — o futuro médico na época ganhava a vida como motorista de ambulância), Le Bon ficou muito aliviado quando, dois meses depois do início da revolução, o exército francês invadiu a comuna e matou quase 25 mil rebeldes.

O levante foi traumatizante para Le Bon, que, pouco depois, decidiu embarcar em uma jornada intelectual. Será que poderia obter provas científicas de que movimentos revolucionários em massa eram simplesmente loucura? E, se pudesse, poderia imaginar formas de a elite se beneficiar com o controle da insanidade? Isso poderia ser o passaporte dele para os altos escalões da sociedade parisiense, porque esse era exatamente o tipo de coisa que uma elite gostava de ouvir.

Le Bon deu início à sua odisseia ao passar vários anos entre a enorme coleção de crânios da Sociedade Antropológica de Paris. Ele queria demonstrar que aristocratas e homens de negócios tinham cérebros maiores do que todo o mundo, e assim, menos chances de sucumbir à histeria coletivo.

— Ele pegava um crânio e enchia de projéteis de chumbo — me explicou Bob Nye. — Então contava o número de projéteis para determinar o volume.

Depois de medir 287 crânios, Le Bon revelou em "Pesquisas anatômicas e matemáticas sobre as leis das variações do volume cerebral e a relação delas com a inteligência", seu trabalho de 1879, que os maiores cérebros, de fato, pertenciam a aristocratas e homens de negócios. Ele assegurou aos leitores que poderiam estar preocupados com o fato de "o corpo do negro ser maior do que o nosso" que "o cérebro dele é menos pesado". Cérebros femininos também eram mais leves: "Entre os parisienses, há um grande número de mulheres cujos cérebros têm o tamanho mais próximo daqueles dos gorilas do que dos cérebros mais desenvolvidos dos homens. Essa inferioridade é tão óbvia que ninguém pode sequer contestá-la; apenas seu grau é digno de debate. Todos os psicólogos que estudaram a inteligência das mulheres, assim como poetas e romancistas, reconhecem hoje que elas representam as formas mais inferiores da evolução humana e que estão mais próximas de crianças e de selvagens do que de um homem adulto e civilizado. Elas se sobressaem em instabilidade, inconstância, ausência de pensamento e lógica e incapacidade de raciocinar."

Le Bon admitiu que poucas "mulheres distintas" existiam, mas "elas são tão excepcionais quanto o nascimento de qualquer anomalia, consequentemente, podemos ignorá-las por completo".

E por isso, argumentava ele, jamais se deve permitir que o feminismo floresça: "Um desejo de dar a elas a mesma educação e de propor-lhes as mesmas metas é uma quimera perigosa. No dia em que, ao deixar de entender as ocupações inferiores que a natureza lhes deu, as mulheres abandonarem o lar e participarem de nossas batalhas, uma revolução social terá início, e tudo o que segura os laços sagrados da família desaparecerá."

— Enquanto eu escrevia minha biografia sobre Le Bon — disse Bob Nye —, ele me pareceu o maior canalha que já existiu.

O trabalho de Le Bon de 1879 foi um desastre. Em vez de recebê-lo em sua hierarquia, os membros da Sociedade Antropológica de Paris debocharam dele, o chamaram de misógino, usando métodos científicos inferiores. "Para Le Bon, a mulher é como um ser amaldiçoado, e ele prevê abominação e desolação se ela deixar o lar", anunciou o secretário-geral da Sociedade, Charles Letourneau, em um discurso. "Nós naturalmente temos muitas reservas a respeito da conclusão dele."

Ferido pela humilhação, Le Bon deixou Paris, não sem antes pedir ao Ministério Francês de Educação Pública que financiasse sua viagem para a Arábia. Sua proposta era realizar um estudo das caraterísticas raciais dos árabes, as quais seriam úteis caso, algum dia, "caíssem sob domínio colonial francês". No entanto, seu pedido foi negado, e Le Bon teve de arcar com as próprias despesas.

Na década seguinte, ele escreveu e publicou por conta própria diversos livros sobre a inferioridade neurológica de árabes, criminosos e expoentes do multiculturalismo. Le Bon estava aprimorando sua arte. Como Bob Nye descreve cuidadosamente na biografia de Le Bon — *The*

Origins of Crowd Psychology [As origens da psicologia das massas] —, ele estava agora "se concentrando na brevidade, sem usar fontes ou notas, e escrevendo com estilo simples e gracioso". O que Bob Nye quis dizer foi que não havia mais crânios e projéteis de chumbo, não havia mais coleta de "evidências", apenas certeza. E foi nesse estilo que, em 1895, Le Bon publicou o livro que finalmente o tornou famoso: *Psicologia das multidões*.

O livro começava com o orgulhoso anúncio de Le Bon de que ele não fazia parte de nenhuma sociedade científica reconhecida: "Pertencer a uma escola é necessariamente sustentar os preconceitos dela." E, depois disso, durante trezentas páginas, ele explicava por que a massa era insana. "Pelo simples fato de ser parte de uma multidão organizada, o homem desce vários degraus na escada da civilização. Isolado, ele pode ser um indivíduo culto; em uma multidão, vira um bárbaro — quer dizer, uma criatura agindo por instinto (...) Em uma multidão, todo sentimento e ação são contagiosos."

Toda metáfora que Le Bon usou para descrever um indivíduo em uma multidão ressaltava a estupidez dele. Em uma multidão, somos "micróbios" infectando todos ao nosso redor, um "grão de areia entre outros grãos de areia, que o vento agita de acordo com a própria vontade". Nós somos impulsivos, irritáveis, irracionais, "características que são quase sempre observadas em seres que pertencem a formas inferiores de evolução — mulheres, selvagens e crianças, por exemplo".

Não era surpreendente que Le Bon tivesse identificado em mulheres, grupos étnicos e crianças um traço universal de irritabilidade, se era essa a forma como falava sobre eles.

Mas *Psicologia das multidões* foi mais do que polêmico. Como Jonah Lehrer, Le Bon sabia que um livro de ciência popular precisava de uma mensagem de otimismo para se tornar bem-sucedido. E Le Bon tinha duas. A primeira era que realmente não precisávamos nos preocupar se movimentos revolucionários de massa como o comunismo e o feminismo tinham uma razão moral para existir. Eles não tinham. Eram apenas loucura. Assim, não era necessário passar nisso. E a segunda mensagem de Le Bon era que um orador inteligente poderia, se soubesse os truques, hipnotizar a multidão para que obedecesse ou coagi-la para que fizesse sua vontade. Le Bon listou os truques: "Uma multidão só se impressiona com sentimentos excessivos. Exagere, afirme, recorra à repetição, e jamais tente provar nada por meio da razão."

Psicologia das multidões, na época da publicação, foi um sucesso, traduzido para 26 idiomas, o que deu a Le Bon o que ele sempre quis: um lugar no coração da sociedade parisiense; um lugar do qual Le Bon imediatamente abusou de um modo estranho. Ele ofereceu uma série de almoços — Les Dejeuners de Gustave Le Bon — para políticos e membros proeminentes da sociedade. O médico se sentava à cabeceira da mesa com um sino ao lado. Se um dos convidados dissesse algo do qual ele discordasse, Le Bon pegava o sino e o tocava incansavelmente, até que a pessoa parasse de falar.

Pelo mundo inteiro, gente famosa começou a se declarar fã dele. Como Mussolini: "Li todo o trabalho de Gustave Le

Bon e não sei quantas vezes reli *Psicologia das multidões*. É um trabalho fundamental, que, até hoje, consulto com frequência." E Goebbels. "Goebbels acha que ninguém desde o francês Le Bon entendeu a mente das massas tão bem quanto ele", escreveu seu assistente, Rudolf Semmler no diário dos tempos da guerra.

Considerando tudo isso, é de se pensar que, em algum momento, o trabalho de Le Bon teria parado de ser influente. Mas isso jamais aconteceu. Imagino que um motivo para o sucesso duradouro seja que temos tendência a adorar declarar os outros loucos. E há outra explicação. Um experimento de psicologia, mais do que qualquer outro, manteve a ideia de Le Bon viva. É aquele criado no porão da Universidade de Stanford em 1971, pelo psicólogo Philip Zimbardo.

•

Zimbardo era um garoto da classe operária de Nova York, filho de imigrantes sicilianos. Depois de se formar na Faculdade do Brookling, em 1954, ele lecionou psicologia em Yale, na NYU e em Columbia antes de acabar em Stanford, em 1971. A teoria de massa — ou "desindividualização", como era conhecida na época — preocupava tanto Zimbardo que, em 1969, ele escreveu um tipo de poema em prosa para ela: "A força vital eterna, o ciclo da natureza, os laços de sangue, a tribo, o princípio feminino, o irracional, o impulsivo, o coro anônimo, as vingativas fúrias."

Agora, em Stanford, com fundos da Secretaria dos Estados Unidos para Pesquisa Naval, ele decidiu provar a existência da teoria de forma dramática.

O psicólogo começou por um pequeno anúncio no jornal local: "Precisa-se de universitários do sexo masculino para estudo psicológico sobre a vida na prisão. Quinze dólares por dia, de uma a duas semanas, começando em 14 de agosto."

Depois de selecionar 24 candidatos, Zimbardo transformou o porão sem janelas do departamento de psicologia em uma prisão improvisada, com "celas" e uma "sala de confinamento solitário" (o armário do zelador). Ele dividiu os alunos em dois grupos. Nove seriam "prisioneiros", nove "guardas", e os seis restantes ficariam aguardando chamado. Aos guardas, deu cassetetes e óculos escuros espelhados, para que ninguém pudesse ver seus olhos. Zimbardo designou a si mesmo o papel de "diretor". Os prisioneiros foram despidos e colocados em roupões. Correntes foram presas nos tornozelos deles. O grupo foi enviado para as "celas". E o estudo começou.

O experimento foi abandonado seis dias depois. Tinha — Zimbardo explicou em uma audiência posterior ao Congresso — saído violentamente do controle. A noiva do psicólogo, Christina Maslach, visitou o porão e ficou horrorizada com o que viu. Os guardas andavam de peito estufado pelo lugar, de modo sádico, gritando para os prisioneiros que "trepassem com o chão", e assim por diante. Os prisioneiros, deitados nas celas, gritavam: "Estou queimando por dentro, sabia? Estou todo fodido por dentro!"

Maslach confrontou o noivo, furiosa:

— O que está fazendo com esses garotos? Você é um estranho para mim. O poder da situação o transformou da pessoa que achei que conhecia para esse ser desconheço.

Ao ouvir isso, Zimbardo sentiu como se tivesse sido estapeado, o que o trouxe de volta à realidade. Ela estava certa. O experimento se tornara perverso.

— Tenho de acabar com isso — disse Zimbardo para a noiva.

— O que nós vimos foi assustador — contou o psicólogo na audiência no Congresso, dois meses depois. — Em menos de uma semana, os valores humanos foram suspensos, e o lado mais feio, mais primordial, mais patológico da natureza humana emergiu. Ficamos horrorizados porque vimos garotos tratarem outros garotos como se fossem animais desprezíveis, sentindo prazer na crueldade.

Zimbardo liberou uma seleção de clipes da filmagem que fizera secretamente ao longo do experimento. Nelas, os guardas eram vistos gritando com os prisioneiros: "E se eu mandasse você abaixar e trepar com o chão?"; "Você está sorrindo, [prisioneiro] 2093, abaixa aí e faz dez flexões"; e "Você é Frankenstein. Você, a sra. Frankenstein. Ande como Frankenstein. Abrace-a. Diga que a ama". E assim por diante. Como resultado, até os dias de hoje, o porão de Zimbardo é, para os alunos de psicologia social, a encarnação da multidão de Le Bon — um lugar de contágio onde pessoas boas se tornaram más. Conforme o psicólogo contou à BBC em 2002: "Colocamos pessoas boas em um lugar maligno e vimos quem ganhou."

Mas eu continuava achando que as ações malignas capturadas nas filmagens secretas de Zimbardo pareciam um pouco artificiais. Além disso, embora eu soubesse muito bem como uma psique pode ser destruída pela privação de sono (criei um bebê em fase de dentição e com cólicas) e por ser confinada a uma sala sem janelas (certa vez passei, uma semana imprudente em uma cabine interna do navio de cruzeiros mediterrâneos *The Westerdam*, e tenho certeza de que eu também teria gritado repetidas vezes "Estou todo fodido por dentro, sabia?" se não fosse pela liberdade de visitar o Explorations Café e o Vista Lounge sempre que quisesse), em momento algum, mesmo na pior das noites, me tornei alguém do digno Experimento de Aprisionamento de Stanford. O que de fato acontecera naquele porão?

•

Hoje em dia, John Mark trabalha como codificador clínico para a companhia de seguros de saúde Kaiser Permanente. Mas, durante seis dias em 1971, ele foi um dos "guardas" de Zimbardo. Localizar os participantes não foi uma tarefa fácil — o psicólogo jamais liberou todos os nomes —, mas John Mark publicou cartas sobre as memórias dele do experimento na revista de ex-alunos de Stanford, e foi assim que eu o descobri.

— O que acontece quando você conta aos outros que foi um guarda no Experimento de Aprisionamento de Stanford? — perguntei, por telefone.

— Todos presumem que eu fui cruel. — John suspirou. — Ouço isso o tempo todo. Você liga a TV e falam sobre qualquer coisa que tenha a ver com crueldade, então jogam um "conforme mostrado no Experimento de Aprisionamento de Stanford...". Minha filha teve aulas sobre isso no ensino médio. Essas coisas me deixam muito chateado.

— Por quê?

— Não é *verdade* — disse ele. — Meus dias como guarda eram bem entediantes. Eu só ficava sentado. Estava no turno do dia. Acordava os prisioneiros, levava as refeições deles. Na maioria do tempo, só ficávamos por lá. — John parou. — Se a conclusão de Zimbardo fosse verdadeira, não teria se aplicado a *todos* os guardas?

Então ele disse que, se eu analisasse com atenção os clipes — John desejava que Zimbardo lançasse a filmagem completa algum dia — veria que "o único guarda que realmente pareceu perder a cabeça foi Dave Eshelman".

— Dave Eshelman? — falei.

John estava certo: quando imaginamos os guardas cruéis no porão de Zimbardo, temos em mente, na verdade, um homem — Dave Eshelman. Ele foi aquele que gritou "Trepe com o chão!", "Você é Frankenstein!", e por aí vai. Cientistas sociais escreveram trabalhos analisando cada movimento de Eshelman ali, inclusive o estranho detalhe de que, quanto mais cruel ele se tornava, mais seu sotaque soava como aquele do Sul dos Estados Unidos. Eu vi pelo menos uma análise do experimento na qual o autor pareceu achar perfeitamente plausível que, se uma pessoa fosse tomada por loucura violenta, involuntariamente começaria a soar como alguém da Louisiana.

Hoje em dia, Dave Eshelman gerencia uma empresa de empréstimos imobiliários em Saratoga, Califórnia. Liguei para ele para perguntar como era personificar o mal que está dentro de cada um de nós.

— Acho que fiz um trabalho muito bom de atuação — respondeu ele.

— Como assim? — indaguei.

— Esse não foi um caso simples, em que se pega um ser humano racional e, em outras circunstâncias, normal e equilibrado, coloca-o em uma situação ruim e de repente ele se torna mau — disse Dave. — Eu finjo.

Ele explicou. Na primeira noite, foi chato. Todos ficaram apenas sentados lá.

— Pensei: "Alguém está gastando muito dinheiro para montar este negócio, e não está obtendo resultado algum." Então achei interessante colocar algo em ação.

Ele havia acabado de assistir ao filme sobre presídio de Paul Newman, *Rebeldia indomável*, no qual um carcereiro sádico de uma prisão do sul, interpretado por Strother Martin, assedia os presidiários. Então, Dave decidiu canalizar o personagem. O súbito sotaque do Sul dos Estados Unidos não foi uma transformação física incontrolável, como quando brotam penas de Natalie Portman em *Cisne negro*. Ele estava conscientemente canalizando Strother Martin.

— Quer dizer que você fingiu para dar a Zimbardo uma pesquisa melhor?

— Foi totalmente intencional de minha parte — afirmou Dave. — Eu planejei. Eu arquitetei. Levei adiante. Foi tudo feito com um propósito. Achei que estivesse fazendo algo bom na época.

Depois que desliguei, imaginei se Dave acabara de contar algo incrível — algo que poderia mudar o modo como a psicologia da maldade era ensinada. Ele poderia ter acabado de destruir o famoso Experimento de Aprisionamento de Stanford. Então, mandei uma transcrição da entrevista para os psicólogos de massa Steve Reicher e Alex Haslam. Eles são professores de psicologia social — Reicher na Universidade St. Andrews e Haslam na Universidade de Queensland —, e passaram as carreiras estudando o trabalho de Zimbardo.

Os dois me responderam por e-mail, parecendo nada impressionados com a parte que eu achara potencialmente sensacional. "A fala sobre estar 'apenas atuando' é uma distração", escreveu Haslam, "porque, se você é a pessoa recebendo a crueldade, não importa se o carrasco estava atuando ou não".

"Atuar não faz o caso menos sério", acrescentou Reicher. "Mesmo que estejamos atuando, resta a pergunta: 'Por que atuamos daquela forma específica?'"

No entanto, ambos escreveram, a conversa com Dave Eshelman foi mesmo "fascinante e importante", como colocou Reicher, mas por um motivo diferente daquele que pensei. Havia uma pista crucial, mas era algo que eu não tinha notado.

"A fala realmente interessante", escreveu Haslam, "é *achei que estivesse fazendo algo bom na época*. A frase *fazendo algo bom* é bastante crítica."

Fazendo algo bom. Aquilo era o oposto das conclusões de Le Bon e Zimbardo. Um ambiente cruel não tornara Dave cruel. Aquelas cem mil pessoas que se juntaram para atacar Justine Sacco não tinham sido infectadas com o mal. "A ironia do caso dessas pessoas que usam o contágio como explicação", disse Steve Reicher por e-mail, "é que elas viram as imagens na TV dos tumultos de Londres, mas não saíram e se juntaram ao tumulto. Nunca é verdade que todos se juntam, indefesos, aos demais em uma multidão. A polícia, no tumulto, não se junta aos baderneiros. Contágio, parece, é um problema dos outros".

Então Reicher me contou uma história sobre a única vez em que ele foi a uma partida de tênis. "Era um 'dia popular' em Wimbledon, e o povo foi permitido nas quadras. Então, estávamos na quadra número 1. Em três lados havia gente comum; no quarto, havia os membros. O jogo a que assistíamos era um tanto chato. Então, as pessoas na multidão começaram uma *ola*. Ela seguiu os três lados "populares" da quadra, e então o pessoal refinado se recusou a se levantar. Nada de contágio aí! Porém, o resto da multidão esperou exatamente o tempo que teria levado para que a *ola* percorresse o quarto lado. Diversas vezes isso aconteceu, e a cada vez a massa — meio debochada — incitava os membros a se levantarem. Por fim, eles se levantaram, de um modo bastante envergonhado. Os vivas que se seguiram podiam ser ouvidos de longe. Agora, superficialmente, talvez, seja possível falar de contágio. Mas, na verdade, há uma história muito mais interessante sobre os limites da influência coincidindo com os limites entre grupos, sobre classe e poder... Algo que o contágio esconde, em vez de elucidar. Mesmo as multidões mais violentas não são apenas uma explosão incoerente. Há sempre padrões, e esses padrões sempre refletem sistemas de crenças mais amplos. Então, a pergunta que precisamos fazer — que o "contágio" não pode responder — é como as pessoas conseguem se unir, em geral espontaneamente, sem liderança, e agir juntas de formas ideologicamente inteligíveis. Se conseguir responder a isso, você se aproximará muito de compreender a sociabilidade humana. É por isso que, em vez de serem uma aberração, multidões são tão importantes e tão fascinantes."

•

A assistente de Philip Zimbardo mandou um e-mail. "Infelizmente, ele recusa todas as obrigações futuras de entre-

vistas até o meio do outono, devido a uma agenda cheia."
Era fevereiro. Perguntei a ela se poderia me informar quando ele estaria envolvido em algum projeto de desindividualização. Ela disse que não informaria. "Recebo muitos, muitos pedidos como esse todos os dias; simplesmente não consigo me lembrar de entrar em contato comcada um que pede." Eu disse que tinha falado com Dave Eshelman, e perguntei se poderia, ao menos, fazer uma verificação de fatos com o dr. Zimbardo. "Ele talvez consiga responder algumas perguntas breves em meados de maio, por e-mail", respondeu a assistente. Então, em maio mandei a ela as citações de Dave Eshelman. "A frase 'fazendo algo bom' não aponta para o oposto das conclusões do dr. Zimbardo?" escrevi. "Dave Eshelman não tinha sido infectado por um ambiente cruel. Ele estava tentando ser útil."

A assistente encaminhou a mensagem para o dr. Zimbardo, escrevendo: "Responda para mim! Ou ele vai continuar a lhe mandar mensagens!" (Fui acidentalmente copiado na troca.) Zimbardo me mandou um e-mail naquela tarde. "Por favor, deixe de lado sua ingenuidade por um momento", escreveu ele. "Eshelman disse publicamente que decidira ser 'o guarda mais cruel e agressivo imaginável' em entrevistas gravadas, que os prisioneiros eram as 'marionetes' dele, que havia decidido pressioná-los até onde pudesse, até que se rebelassem. Eles jamais se rebelaram, e Eshelman jamais cedeu. Na verdade, as agressões degradantes dele pioravam a cada noite... Tentando ser útil? Ele criou o ambiente cruel que destruiu alunos e prisioneiros inocentes!"

Será que Zimbardo tinha razão — e eu estava sendo ingênuo? Será que Dave apenas suavizara a crueldade dele tantos anos depois? Fiz mais pesquisas e descobri que não fui a primeira pessoa a achar o experimento de Zimbardo um pouco forçado. Peter Gray, psicólogo da Faculdade de Boston — autor do livro *Psychology* [Psicologia], amplamente utilizado em instituições de ensino —, publicou um ensaio no periódico *Psychology Today* chamado "Why Zimbardo's Prison Experiment Isn't in My Textbook" [Por que o Experimento de Aprisionamento de Zimbardo não está em meu livro-texto]:

> Vinte e um garotos (tudo bem, rapazes) [na verdade, eram 24] são convidados a brincar de prisioneiros e guardas. É 1971. Recentemente, houve muitas notícias sobre revoltas em prisões e a crueldade dos guardas. Então, nesse jogo, o que esses rapazes devem fazer? Devem se sentar conversando agradavelmente uns com os outros sobre namoradas, filmes e coisas do tipo? Não, é claro que não. Esse é um estudo sobre prisioneiros e guardas, portanto, o trabalho deles é claramente agir como prisioneiros e guardas — ou, mais precisamente, interpretar as visões estereotipadas que têm sobre o que prisioneiros e guardas fazem. É claro que o professor Zimbardo, que está bem ali observando (como diretor da prisão) ficaria desapontado se, em vez disso, eles ficassem sentados batendo papo e tomando chá. Muitas pesquisas mostraram que participantes de experimentos psicológicos se sentem altamente motivados a fazer o que acreditam que os pesquisadores querem que eles façam.
>
> Peter Gray, "Why Zimbardo's Prison Experiment Isn't in My Textbook", *Psychology Today*, 19 de outubro de 2013.

Gray sentiu que o erro principal de Zimbardo foi se dar o papel de diretor, em vez de ser um simples observador. E ele não era um diretor distante. Antes de o experimento começar, Zimbardo teve uma conversa motivadora com os guardas, como, mais tarde, relatou em seu livro *O efeito Lúcifer*:

"Não podemos agredir ou torturá-los fisicamente", disse eu. "Podemos criar o tédio. Podemos criar uma sensação de frustração. Podemos incutir medo neles, até certo grau. Podemos criar uma noção da arbitrariedade que governa as vidas deles, que são totalmente controladas por nós, pelo sistema, por você e eu, [carcereiro] Jaffe. Eles não terão nenhuma privacidade, haverá vigilância constante — nada do que fizerem deixará de ser observado. Não terão liberdade de ação. Não poderão fazer nada nem dizer nada que não permitirmos. Vamos tirar sua individualidade de várias formas. Eles usarão uniformes, e em momento algum os chamaremos pelo nome; eles terão números e serão chamados apenas pelos números. Em geral, o que tudo isso deve criar nos prisioneiros é uma sensação de impotência. Temos poder total sobre a situação. Eles não têm nenhum."

— Philip Zimbardo, *O efeito Lúcifer*.

Para Gustave Le Bon, uma multidão era apenas uma explosão de loucura livre de ideologia — uma massa uniforme de violência. Mas o Twitter não era assim. O Twitter não falava com uma só voz. No ataque a Justine Sacco havia misóginos: *Alguém (HIV+) tem que estuprar essa vaca, então veremos se a cor da pele a protege da aids.* Havia humanitários: *Se as infelizes palavras de @JustineSacco sobre a aids incomodam você, junte-se a mim no apoio ao trabalho da @CARE na África.* Havia corporações promovendo produtos, como os provedores de Wi-Fi para aviões Gogo: *Da próxima vez que planejar tuitar alguma coisa estúpida antes de decolar, certifique-se de que está entrando em um voo da @Gogo! CC: @JustineSacco.*

Todas essas pessoas tinham, exatamente como Steve Reicher disse, se unido espontaneamente, sem liderança. Eu não era uma delas. Mas havia me juntado para atacar várias pessoas como Justine. Fora atraído pela nova tecnologia — um bebê engatinhando na direção de uma arma. Exatamente como acontecera com Dave Eshelman, fora o desejo de fazer algo bom que me impelira. O que era sem dúvida um motivo melhor do que ser impelido por loucura coletiva. Mas meu desejo causara muitos danos — eu tinha destruído MUITA gente de que sequer conseguia me lembrar —, o que me fez suspeitar de que se originava de algum lugar estranho e sombrio dentro de mim... bem, de algum lugar o qual eu não queria analisar. E era por isso mesmo que eu precisava pensar nisso.

6

FAZENDO ALGO BOM

— Sou um zé-ninguém — disse Hank —, só tenho meu trabalho e minha família; sou comum. Ele só se esquecera de falar que Hank não era seu nome verdadeiro. Conversava comigo pelo Google Hangout, da cozinha, de sua casa no subúrbio de uma cidade da costa oeste americana cujo nome eu prometi não divulgar. Hank parecia frágil, inquieto, o tipo de homem que se sentia mais confortável trabalhando sozinho na frente de um computador do que conversando com uma pessoa desconhecida por meio de um. Em 17 de março de 2013, Hank estava na plateia de uma conferência para desenvolvedores de tecnologia em Santa Clara quando uma piada idiota surgiu em sua cabeça; ela a murmurou para o amigo, Alex.

— Qual foi a piada? — perguntei.

— Foi tão ruim que não me lembro das palavras exatas — disse Hank. — Era sobre uma peça de hardware fictícia que tem uma entrada de dispositivo bem grande, uma entrada enorme. Estávamos rindo disso. Mas foi bem baixinho.

Alguns momentos antes, Hank e Alex davam risadinhas ao estilo Beavis e Butthead de outra piada interna tecnológica sobre "bifurcar o repo de alguém".

— Tínhamos decidido que era uma nova forma de elogio — explicou Hank. — Um sujeito estava no palco apresentando o projeto dele, e Alex falou: "Eu bifurcaria o repo desse cara."

(Em jargão tecnológico, "bifurcação" significa pegar uma cópia do software de outra pessoa para poder trabalhar nela de forma independente. Outra palavra para software é "repositório". Por isso que "bifurcar o repo de alguém" funciona tanto como um termo lisonjeiro quanto como uma insinuação sexual. Só para o caso de você querer saber. Acho que é um saco quando alguém se sente compelido a explicar para um jornalista uma piada improvisada horrorosa, feita dez meses antes, e o jornalista fica dizendo "Sinto muito. Ainda não entendi", mas foi esse problema que Hank teve durante a nossa conversa pelo Google Hangout.)

Momentos depois de fazer a piada da entrada, Hank meio que reparou que a mulher sentada diante deles na conferência se levantou, virou de costas para o palco e tirou uma foto. Hank achou que ela estivesse fotografando a plateia. Então ele olhou para a frente, tentando não estragar o retrato.

É um pouco doloroso olhar para essa foto agora — sabendo o que estava prestes a acontecer com eles. Aqueles sorrisos maliciosos e idiotas que se seguem após uma piada bem-sucedida sobre uma entrada seriam os últimos sorrisos de Hank e Alex durante um tempo.

Dez minutos depois que a fotografia foi tirada, um dos organizadores da convenção foi até eles e disse:

— Podem vir comigo?
Eles foram levados para um escritório e informados de que houvera uma queixa sobre comentários sexuais.
— Eu imediatamente pedi desculpas — falou Hank. — Sabia muito bem do que falavam. Revelei o que tínhamos dito, afirmei que não queríamos que parecesse um comentário sexual, e que pedíamos desculpas se alguém tinha ouvido e se sentido ofendido. Eles disseram: "Tudo bem. Entendemos o que aconteceu."
E foi isso. O incidente passou. Hank e Alex ficaram muito abalados:
— Somos meio nerds, e confronto não é algo com que lidamos bem. Não é algo com que estamos acostumados. Então eles decidiram ir embora da conferência mais cedo.

Hank está à esquerda, Alex, à direita.

A dupla estava a caminho do aeroporto quando começaram a pensar em *como* exatamente a mulher sentada diante deles tinha comunicado a reclamação aos organizadores da conferência. Os dois de repente se sentiram desconfortáveis com relação àquilo. A possibilidade assustadora era de que tivesse sido comunicado na forma de um tuíte público. Então, com apreensão, foram olhar.

[Nada legal. Piadas sobre bifurcar o repo de alguém de um modo sexual e entradas "grandes". Bem atrás de mim #pycon]

Uma descarga de ansiedade percorreu o corpo de Hank. Ele rapidamente leu as respostas para o tuíte, mas não havia nada de mais — apenas alguns dos 9.209 seguidores da mulher dando parabéns pelo modo "nobre" como havia "repreendido" os homens atrás dela. Hank reparou com tristeza que alguns dias antes a mulher — o nome dela era Adria Richards — tuitara uma piada idiota sobre pênis. Ela sugeriu que um amigo colocasse meias dentro da calça para chocar os agentes da Polícia Federal no aeroporto. Hank relaxou um pouco. No dia seguinte, Adria Richards deu seguimento ao tuíte com uma postagem no seu blog:

> Ontem eu repreendi publicamente um grupo de caras que não estava sendo respeitoso com a comunidade na convenção PyCon.

Ela explicou o contexto — que era uma "desenvolvedora evangelista em uma *start-up* de sucesso" e que, enquanto os homens riam de entradas grandes, o apresentador falava de iniciativas para atrair mais mulheres para a indústria. Na verdade, ele tinha acabado de projetar na tela uma foto de uma garotinha em um workshop de tecnologia.

> É importante assumir responsabilidade pelos seus atos. Aqueles caras sentados bem atrás de mim se sentiam seguros na multidão. Entendi isso e percebi que o anonimato instigava o comportamento deles. Isso é conhecido como desindividualização. Teorias de desindividualização propõem que este é um estado psicológico de reduzida autoavaliação, o que causa comportamento antinormativo e desinibido.

A teoria da desindividualização busca fornecer uma explicação para uma variedade de comportamentos coletivos antinormativos, como multidões violentas, linchamentos públicos etc...

Desindividualização. Ali estavam Gustave Le Bon e Philip Zimbardo, sob os holofotes mais uma vez, agora no blog de Adria.

> ... Eu me levantei devagar, virei para eles e tirei três fotos claras.
> Tem algo a respeito de destruir o sonho de uma criança que me deixa muito irritada.
> São necessárias quatro palavras para fazer a diferença: "Isso não é legal."
> Ontem, o futuro da programação estava em risco, e me fiz ser ouvida.
>
> — Adria Richards, blog *But You're A Girl*,
> 18 de março de 2013

Mas Hank já havia sido chamado à sala de seu chefe e demitido.

•

— Guardei todas as minhas coisas em uma caixa, então saí para ligar para minha esposa Não costumo chorar, mas... — Hank parou de falar. — Quando entrei no carro com ela, só... Eu tenho três filhos. Ser demitido foi assustador.

Naquela noite, Hank fez sua única declaração pública (como Justine e Jonah, jamais tinha conversado com um jornalista sobre o que acontecera antes de falar comigo). Ele postou uma mensagem curta no painel de discussões Hacker News:

> Oi, sou o cara que fez um comentário sobre entradas grandes. Antes de tudo, gostaria de pedir desculpas. Eu realmente não quis ofender ninguém, e me arrependo muito do comentário e de como ele fez Adria se sentir. Ela tinha todo direito de me denunciar para a equipe e de defender seu ponto de vista. [Mas] como resultado da foto que ela tirou, fui demitido hoje. O que é uma droga, porque tenho três filhos e gostava muito daquele emprego.
> Adria não me deu aviso nenhum; ela sorriu ao tirar a foto e selou meu destino.

— No dia seguinte — prosseguiu Hank —, Adria Richards ligou para minha empresa e pediu que solicitassem que eu removesse a parte do pedido de desculpas em que alegava que eu havia perdido o emprego como resultado do tuíte dela.

•

Mandei para Adria uma solicitação de entrevista. "Tudo bem, mande a proposta por e-mail e, se for relevante, eu respondo", respondeu ela. Então mandei a proposta. Com sucesso. Concordamos em nos encontrar duas semanas depois. "Vamos nos encontrar em um local público por motivos de segurança", escreveu Adria. "Certifique-se de trazer sua identidade para verificação."

Concordamos em nos encontrar no balcão de check-in internacional do aeroporto de São Francisco. Eu esperava alguém mais destemido. Porém, quando a vi dar um meio aceno para mim do outro lado do terminal, ela não pareceu nada destemida, e sim introvertida e delicada, exatamente como Hank parecera no Google Hangout. Encontramos um café, e Adria me contou sobre o momento em que tudo começou para ela — o momento em que ouviu o comentário sobre a entrada grande.

— Já ouviu uma discussão na escola e sentiu os pelos se eriçarem nas costas? — perguntou Adria.

— Você sentiu medo? — quis saber.

— Me senti em perigo — respondeu Adria. — Obviamente, meu corpo me dizia: "Você não está segura."

E foi por isso que, segundo Adria "me levantei devagar, girei os quadris e tirei três fotos". Ela tuitou uma, "com um resumo muito breve do que eles disseram. Então mandei outro tuíte descrevendo onde eu estava. Certo? E o terceiro tuíte foi o link com o código de conduta [da convenção]".

— Você falou em perigo? O que você pensou que pudesse...

— Já ouviu aquilo de que os homens têm medo de que as mulheres riam deles, e as mulheres têm medo de que os homens as matem? — Adria me encarou.

Comentei com Adria que algumas pessoas poderiam considerar isso algo exagerado de se dizer. Adria estava, afinal de contas, no meio de uma convenção sobre tecnologia com oitocentas testemunhas.

— Claro — respondeu ela. — E essas pessoas provavelmente são brancas e do sexo masculino.

Isso pareceu um argumento fraco. Os homens podem ser bons às vezes. Existe uma expressão latina para esse tipo de falácia lógica. É chamado de ataque *ad hominem*. Quando alguém não consegue se defender de uma crítica, muda de assunto para atacar o crítico.

— Alguém ser demitido é bem ruim, Adria. Sei que não *pediu* que ele fosse demitido. Mas deve ter se sentido muito mal.

— Nem tanto. — Adria pensou mais um pouco e sacudiu a cabeça, determinada. — Ele é um homem branco. Sou uma mulher judia e negra. Ele estava dizendo coisas que podiam ser entendidas como ofensivas por mim, sentada diante dele. Tenho empatia por ele, mas só vai até certo ponto. Se tivesse síndrome de Down e acidentalmente tivesse empurrado alguém no metrô, aí seria diferente... Já vi as pessoas dizendo: "Adria não sabia o que estava fazendo ao tuitar aquilo." Eu sabia, sim.

•

Na noite em que Hank postou a declaração no Hacker News, as pessoas começaram a se envolver com a história dele e de Adria. Hank passou a receber mensagens de apoio de blogueiros de direitos dos homens. Ele não respondeu a nenhuma delas. Mais tarde, um blogueiro do *Gucci Little Piggy* escreveu que a mensagem de Hank no Hacker News tinha revelado que ele era um homem com:

> Uma falta total de colhões (...) ao pedir desculpas, está apenas dizendo: "Sou um inimigo fraco — faça o que quiser comigo." [Ao humilhar publicamente Hank, Adria teve] poder completo e absoluto sobre os filhos dele. Isso não irrita esse cara?

Ao mesmo tempo que Hank estava sendo celebrado e então insultado pelos blogueiros de direitos dos homens, Adria descobriu que era assunto de discussão em um famoso local de encontro para *trolls*: 4chan/b/.

Um pai de três filhos perdeu o emprego porque a piada tola que estava contando a um amigo foi ouvida por alguém com mais poder do que racionalidade. Vamos crucificar essa vaca.

Morte a ela.

Cortem o útero dela com um estilete.

Alguém enviou a Adria a foto de uma mulher decapitada com fita isolante sobre a boca. O rosto dela foi montado sobre corpos de atrizes de filmes pornô. Sites foram criados para ensinar como fazer as montagens parecerem perfeitas — combinando os tons de pele. No Facebook, alguém escreveu: "Espero que consiga encontrar Adria, sequestrá-la, colocar um saco sobre a cabeça dela e disparar uma bala subsônica calibre .22 bem no meio da porra do crânio. Foda-se aquela vaca, que ela pague, que aprenda a obedecer." (Esse, Adria me contou, mas não pude confirmar, era de um aluno da New York City College of Technology.)

"Ameaças de morte e de estupro apenas alimentam a causa dela", escreveu alguém, por fim, no 4chan/b/. "Não estou dizendo para pararem de fazer as coisas. Apenas pensem primeiro. Façam algo produtivo."

Logo depois disso, todo o site do empregador de Adria, SendGrid, sumiu. Alguém usara um programa malicioso contra ele. Isso é conhecido como um ataque DDoS. Trata-se da versão automatizada de uma pessoa sentada a um computador pressionando manualmente o botão de recarregar sem parar, até que o site-alvo se torne sobrecarregado e entre em colapso.

Horas depois, Adria foi demitida.

•

Alguns dias antes de eu pegar um avião para São Francisco para encontrar Adria, postei uma mensagem no 4chan/b/ pedindo que qualquer um pessoalmente envolvido na destruição dela entrasse em contato comigo. A mensagem foi deletada em menos de um minuto. Postei outro pedido. Esse sumiu depois de alguns segundos. Alguém dentro do 4chan apagava minhas mensagens sempre que eu tentava fazer contato. Mas minhas mensagens, por acaso, coincidiram com prisões de alguns *trolls* de peso do 4chan, executores de ataques DDoS e ativistas, e, de repente, havia nomes reais sendo divulgados. E foi assim que conheci uma frequentadora do 4chan de 21 anos, Mercedes Haefer.

Na foto do Facebook, Mercedes está usando um bigode falso e orelhas de coelho. Estávamos sentados um diante do outro, em um enorme e luxuoso apartamento tipo loft, acima de uma antiga mercearia no Lower East Side de Manhattan. Era do advogado dela, Stanley Cohen. Ele passara a carreira defendendo anarquistas, comunistas e grupos de invasores de construções abandonadas, além do Hamas, e agora representava Mercedes.

O crime do qual ela foi acusada (e pelo qual, mais tarde, se declararia culpada: Mercedes aguarda sentença enquanto escrevo este livro) foi, em novembro de 2010, junto com mais 13 usuários do 4chan, ter executado um ataque DDoS contra o PayPal como vingança pelo site ter se recusado a aceitar doações para o WikiLeaks. Era possível doar para a Ku Klux Klan via PayPal, mas não para o WikiLeaks.

O FBI apareceu no apartamento dela em Las Vegas certa manhã, às 6h.

— Abri a porta e eles disseram: "Mercedes, importa-se de vestir uma calça?" Para ser sincera, ser presa foi bem divertido. Você pode debochar do FBI, pode usar algemas chiques, escolhe a música do carro. Mas a audiência de indiciação foi chata. Dormi o tempo todo.

Passei algumas horas com Mercedes. Ela era, superficialmente, uma típica *troll* — amante do exultante caos on-line. Mercedes me contou sobre sua publicação preferida do 4chan. Foi iniciada por um "cara que está seriamente apaixonado pela cadela, e a cadela entra no cio, então ele sai por aí coletando amostras e as injeta no pênis, e aí trepa com a cadela e a engravida, e os filhotinhos são dele". Mercedes riu.

— Foi dessa publicação que falei para o FBI quando me perguntaram do 4chan, e alguns dos agentes chegaram a se levantar e sair da sala.

Essa característica de Mercedes não era tão interessante para mim, porque eu não via essa como uma história sobre *trolls* na internet. Concentrar-se neles seria escolher a opção mais fácil — culpar uma minoria tola e revoltante pelo renascimento da humilhação. Um bando de *trolls* poderia ter se juntado para atacar Justine e Adria, mas eles não derrubaram essas pessoas. Pessoas como eu as derrubaram.

Mas passei a conhecer e gostar de Mercedes durante os meses que se seguiram — trocamos muitos e-mails —, e, na verdade, ela não era exatamente uma *troll*. Seus motivos eram mais bondosos do que esses. Mercedes também era alguém cujo frenesi de humilhação era motivado pelo desejo de fazer o bem. Ela me contou sobre quando o 4chan rastreou um garoto que vinha postando vídeos dele mesmo no YouTube nos quais agredia fisicamente o gato "e desafiava as pessoas a impedirem". Os usuários do 4chan o encontraram "e fizeram com que a cidade toda soubesse que o garoto era um sociopata. Há, há! E o gato foi tirado dele e adotado."

(É claro que o garoto podia ser um sociopata. Mas Mercedes e o resto das pessoas do 4chan não tinham provas disso — não faziam ideia do que poderia ou não estar acontecendo na vida doméstica dele para deixá-lo daquele jeito.)

Perguntei a ela que tipos de pessoas se reuniam no 4chan.

— Muitos estão entediados, sem estímulos, jovens perseguidos e impotentes — respondeu ela. — Sabem que não podem ser o que quiserem. Então foram para a internet. Na internet, temos poder em situações nas quais, de outra forma, seríamos impotentes.

Esse era um período de perseguições sucessivas e rigorosas — um esforço das autoridades para subjugar pessoas como Mercedes para que se tornassem submissas. No entanto, quando perguntei a ela se achava que as prisões acabariam com os ataques DDoS e com as campanhas de *trolls*, a resposta dela foi afiada e clara:

— A polícia está tentando tomar a área. — Com "área", Mercedes queria dizer a internet. — Exatamente como nas cidades. Eles valorizam o centro, mudam todos os pobres para guetos e então começam a praticar ataques *trolls* contra a população carente, parando e revistando todos...

Na verdade, pouco antes de eu me encontrar com Mercedes, o Departamento de Polícia de Nova York liberou os números de quantas vezes os oficiais tinham parado e revistado nova-iorquinos durante o ano anterior. Foram 684.330 vezes. Isso equivalia a 1.800 paradas e revistas por dia. Dessas 1.800 pessoas — de acordo com a New York City Civil Liberties Union — "quase nove entre dez eram totalmente inocentes".

Em julho de 2012, um advogado de direitos civis, Nahal Zamani, entrevistou vítimas dessa política para um trabalho — "Stop and Frisk: The Human Impact" [Pare e reviste: o impacto humano].

> Muitos disseram que terem sido parados e revistados fez com que se sentissem "degradados e humilhados". Um disse: "Quando param você na rua, e então todos olham, isso o degrada. Isso meio que muda os pensamentos dos outros em relação a você. As pessoas podem começar a pensar que está praticando alguma atividade ilegal, quando não está. Só porque a polícia [está] simplesmente parando você por... aleatoriamente. Isso é humilhante [por] si só." [Outro disse] "Fez com que eu me sentisse violado, humilhado, assediado, envergonhado, e, claro, com muito medo."
>
> — "Stop and Frisk: The Human Impact", Centro de Direitos Constitucionais, julho de 2012.

Por alguma estranha coincidência cíclica, foi o colega de Jonah Lehrer da *New Yorker*, o escritor Malcom Gladwell, que popularizou a política de parar e revistar. Quando foi implementada, nos anos 1990 — era chamada de Janelas Quebradas na época —, Gladwell escreveu um ensaio famoso para a *New Yorker*, "O ponto da virada". Ele a chamava de "milagrosa". Havia uma correlação entre atacar com tudo autores de crimes menores, como grafiteiros e caloteiros de transportes públicos, argumentava o ensaio, e o declínio súbito de assassinatos em Nova York.

"Uma transformação estranha e sem precedentes" estava acontecendo em Nova York, escreveu Gladwell. Costumava haver saraivadas de tiros. Agora, havia "pessoas comuns nas ruas ao anoitecer, crianças pequenas andando de bicicleta, idosos em bancos, gente saindo do metrô sozinha. Às vezes, a mais modesta das mudanças pode trazer efeitos profundos".

O ensaio de Gladwell foi uma sensação — um dos artigos de maior influência na história da revista. Vendia a tática policial agressiva para pessoas sensatas e liberais de Nova York — o tipo de gente que normalmente não apoiaria uma ideia tão draconiana. Ele deu a uma geração de liberais a permissão de ser mais conservadora. Gladwell se tornou uma ferramenta de marketing para a teoria das Janelas Quebradas. O livro *O ponto da virada* vendeu dois milhões de exemplares, lançando a carreira de Gladwell e as carreiras de inúmeros outros escritores de ciência pop que seguiram seus passos, como Jonah Lehrer.

Mas o ensaio de Gladwell estava errado. Dados subsequentes revelaram que, antes da implementação da Janelas Quebradas, o índice de crimes violentos vinha caindo em

Nova York havia cinco anos. Estava diminuindo à mesma taxa por todos os Estados Unidos. Isso incluía lugares — como Chicago e Washington D.C. — onde a guerra não tinha sido declarada contra caloteiros de transportes públicos e grafiteiros. Quando entrevistei Gladwell em 2013 para um projeto separado — o *Culture Show*, da BBC —, mencionei o tópico da parada e revista e da política Janelas Quebradas. Um olhar doloroso e cheio de remorso surgiu no rosto dele.

— Eu estava apaixonado demais com a ideia da Janelas Quebradas — disse o escritor. — Sentia-me tão apaixonado pela simplicidade metafórica daquela teoria que exagerei a importância dela.

•

A política das revistas continuou pelos anos 2000, e entrou pelos 2010, e um subproduto dela foi que alguns jovens, repetidas vezes revistados, procuraram vingança no ativismo on-line — juntando-se ao 4chan. Não foi apenas Mercedes quem me contou isso. Logo depois de nos encontrarmos, tive uma reunião secreta do lado de fora de uma estação do metrô no Queens, com um amigo dela do 4chan. Um carro surrado encostou. O motorista era jovem, branco, de ascendência hispânica, e usava um enorme crucifixo. Ainda não sei o nome verdadeiro dele. Disse que eu deveria chamá-lo pelo apelido da internet: Troy.

O homem me levou para um café, no qual reclamou sobre como as coisas não eram como costumavam ser, sobre os bons e velhos tempos, quando não se podia deixar o celular sobre a mesa de um café por ali sem que ele fosse roubado. Falei para Troy que os bons e velhos tempos pareciam terríveis para mim, mas ele explicou que, com a gentrificação, vêm os danos colaterais — frequentes paradas e revistas de quaisquer jovens que não pareçam hipsters de escola preparatória:

— Indo ao mercado, voltando para casa da escola, você tem seu dia inteiro estragado. É nojento. É perigoso caminhar pelos limites dos bairros por aqui.

Foram essas injustiças policiais que impeliram Troy a se juntar ao 4chan, contou ele.

— A polícia está dizendo "Olhe o que podemos fazer com você em seu território" — continuou Mercedes. — "Este não é seu espaço. É nosso espaço, e permitimos que você exista aqui." As pessoas socializam no Facebook porque aonde se vai para passar o tempo em Nova York agora? A internet é nosso espaço, e estão tentando tirá-lo, e não vai acontecer, porque é a internet.

— E você sabe mais sobre como ela funciona do que eles? — perguntei.

— Fodam-se eles — respondeu Mercedes. — São idiotas. Se você entendia de medicina em Massachusetts em certa época, era uma bruxa e a queimariam. Não há muita gente hoje em dia que sabe ir além do Facebook. Então, explique a elas como um roteador funciona, e será um mágico, um bruxo das trevas. "Precisamos trancafiá-los para sempre porque não entendemos de que outra forma impedi-los." Parte do motivo pelo qual todos esses jovens se tornaram especialistas na internet é porque não têm poder em nenhum outro lugar. O mercado qualificado está encolhendo. Por isso foram para lá. E então, puta merda, tudo estourou.

Perguntei a Mercedes sobre o ataque contra Justine. Ela disse:

— Sacco? Aquela que fez os caras serem demitidos por fazerem piadas com entradas de dispositivos?

— Essa foi Adria Richards — corrigi. — Justine Sacco foi a mulher do tuíte sobre a aids.

— Bem, esse foi o Twitter — disse ela. — O Twitter é diferente do 4chan. Tem mais morais e valores comuns do que o 4chan. Adria Richards sofreu ataque porque fez um cara ser demitido por fazer uma piada sobre entrada que não era direcionada a ninguém. Ele não estava prejudicando outra pessoa. Ela cerceou a liberdade de expressão dele, e a internet a castigou por isso.

— E Justine Sacco?

— Existe uma compreensão justa na internet sobre o que significa ser o peixe pequeno, o cara sobre quem babacas ricos e brancos fazem piadas. Então, a questão com Justine Sacco é que ela é uma pessoa rica e branca que fez uma piada sobre pessoas negras e doentes que morrerão em breve. Assim, por algumas horas, Justine Sacco descobriu como é ser o peixe pequeno de quem todos debocham. Arrastar Justine Sacco para a lama foi como arrastar toda pessoa rica e branca que já saiu impune com uma piada racista só porque podia. Ela achou que a piada sobre aids e negros fosse engraçada porque não sabe como é ser uma pessoa negra desprivilegiada, ou como é ser diagnosticado com aids. — Mercedes fez uma pausa. — Alguns tipos de crime só podem ser resolvidos pelo consenso público e a humilhação. É um tipo de tribunal diferente. Um tipo de júri diferente.

Pedi que Mercedes me explicasse um dos grandes mistérios das humilhações modernas: por que eram tão absurdamente misóginas? Ninguém tinha ameaçado violência sexual contra Jonah, mas, quando Justine e Adria ultrapassaram os limites, as ameaças de estupro foram instantâneas. E as pessoas do 4chan eram as mais desagradáveis.

— É, é meio extremo. O 4chan pega a pior coisa imaginável que aquela pessoa possa viver, então clama para que aconteça. Não acho que fosse uma ameaça que alguém pretendesse levar adiante. E creio que a maioria das pessoas queria dizer "destruir", em vez de agredir sexualmente. — Mercedes pensou por um instante. — Porém, o 4chan quer degradar o alvo, certo? E uma das maiores degradações para as mulheres na nossa cultura é o estupro. Não falamos sobre estupro de homens, então acho que não ocorre à maioria das pessoas que seja uma degradação masculina. Com os homens, falam sobre fazer com que sejam demitidos. Em nossa sociedade, os homens devem estar empregados. Se forem demitidos, perdem pontos de masculinidade. Com o caso da entrada de dispositivo, Adria tirou o emprego daquele homem sem motivo algum. Ela degradou a masculinidade dele. Então a comunidade respondeu degradando a feminilidade dela.

•

As ameaças de morte e de estupro contra Adria continuaram, mesmo depois de ela ser demitida.

— As coisas ficaram muito ruins para ela — contou Hank. — Precisou sumir por seis meses. A vida inteira dela era analisada pela internet. Não era uma situação nada boa.
— Você a encontrou, desde então? — perguntei.
— Não — respondeu Hank.
Dez meses tinham se passado desde aquele dia. Hank teve esse tempo para permitir que os sentimentos a respeito de Adria se acalmassem até se tornarem algo coerente, assim, perguntei o que ele achava dela agora.
— Acho que ninguém merece o que ela passou — afirmou Hank.

•

— Talvez tenha sido [Hank] quem começou tudo isso — me disse Adria no café, no aeroporto de São Francisco. — Ninguém saberia que ele tinha sido demitido até a reclamação. Talvez ele seja o culpado por ter reclamado de ser demitido. Talvez tenha secretamente instigado os grupos de ódio. Certo?
Fiquei tão chocado com a sugestão que não disse nada em defesa de Hank na época. Mas, depois, me senti mal por não tê-lo defendido. Então mandei um e-mail para Adria. Contei a ela o que Hank havia me contado — como ele se recusara a contatar todos os blogueiros e *trolls* que tinham mandado mensagens de apoio. Acrescentei que sentia que era direito de Hank postar a mensagem no Hacker News revelando que fora demitido.
Adria respondeu que ficava feliz ao saber que Hank "não instigara ativamente os interesses deles em realizar

o ataque generalizado", mas o responsabilizava por aquilo mesmo assim. Tinham sido "as próprias ações dele que resultaram na demissão, mas Hank formulara de uma forma que me culpava (...) Se eu tivesse marido e dois filhos para sustentar, certamente não contaria 'piadas' como ele estava fazendo na convenção. Ah, espere, eu tenho compaixão, empatia, moral e ética para guiar minhas escolhas de vida diárias. Costumo imaginar como pessoas como Hank passam a vida aparentemente alheias a como 'o outro' vive no mesmo mundo que ele, mas com bem menos oportunidades".

•

Perguntei a Hank se ele achava que vinha se comportando de forma diferente desde o incidente. Se aquilo mudara a forma como ele vivia.

— Eu agora me distancio um pouco de desenvolvedoras do sexo feminino — respondeu Hank. — Não sou mais tão amigável. Sou simpático, mas não me aproximo muito. Como saber, não é? Não posso enfrentar mais um escândalo de entrada do dispositivo.

— Dê um exemplo — pedi. — Então, você se encontra no novo ambiente de trabalho (Hank recebeu outra oferta de emprego imediatamente) e está falando com uma desenvolvedora do sexo feminino. De que forma age diferente em relação a ela?

— Bem, não temos nenhuma desenvolvedora do sexo feminino onde trabalho, agora. Então...

Outra foto tirada por Adria na convenção de tecnologia no dia da piada da entrada.

•

— Você conseguiu um emprego novo, certo? — indaguei a Adria.

— Não — disse ela.

•

O pai de Adria era alcoólatra. Costumava espancar a mãe dela. Bateu na esposa com um martelo. Arrancou todos os dentes dela. A mãe de Adria saiu de casa e levou as crianças. Mas para Adria, a situação ficou ainda pior.

"Ir para a escola era difícil", escreveu Adria em seu blog, em fevereiro de 2013. "As crianças implicavam comigo. Eu sentia vergonha." Adria acabou em um lar adotivo.

Adria me mandou uma carta que escrevera para o pai. "Aqui é a Adria! Como você está? Sei que faz muito, muito tempo. Quero vê-lo. Amo você, papai. Tenho 26 anos agora. Se receber esta carta, por favor, entre em contato comigo, porque eu gostaria mesmo de ver você."

O pai não respondeu. Adria não tem notícias dele há décadas. Ela acha que deve estar morto.

Quando perguntei se a infância poderia ter influenciado o modo como ela via Hank e Alex, Adria afirmou que não.

— Dizem o mesmo de vítimas de estupro. Se você foi estuprada, acha que todos os homens são estupradores. — Ela fez uma pausa. — Não. Aqueles caras simplesmente não estavam sendo legais.

•

Eu tinha humilhado muita gente. Muita gente que revelara a verdadeira personalidade por um instante, e eu, astutamente, reparara nas máscaras caindo, então logo alertei outros. Mas não conseguia me lembrar de quase ninguém agora. Tantos absurdos esquecidos. No entanto, um me veio à mente. O divergente era A. A. Gill, colunista do *Sunday Times* e da *Vanity Fair*. A falha dele foi uma coluna que escreveu sobre atirar em um babuíno em um safári na Tanzânia: "Ouvi dizer que é difícil atirar neles. Correm para cima de árvores, se agarram à vida sombria. Morrem

com dificuldade, os babuínos. Mas não esse. Uma bala de ponta macia calibre .257 estourou seus pulmões." O motivo de A. A. Gill? "Eu queria ter uma noção de como seria matar alguém, um estranho."
Eu fui praticamente a primeira pessoa a alertar as mídias sociais. Isso porque A. A. Gill sempre dá aos meus documentários na TV críticas muito ruins, então costumo ficar de olho nas coisas pelas quais ele pode ser pego. E em minutos estava por toda parte.

> Seguindo os passos de Jan Moir, "A. A. Gill" é agora *trending topic* no Twitter, onde é denunciado pelo assassinato de um primata. O *Guardian*, é claro, está espalhando o incêndio. O jornal entrou em contato com Steve Taylor, porta-voz da Liga Contra Esportes Cruéis, que disse: "Isso é moral e totalmente indefensável. Se ele quer saber como é atirar em um ser humano, deveria mirar na própria perna."
>
> — Will Heaven, *Daily Telegraph*, 27 de outubro de 2009.

Em meio às centenas de mensagens de felicitações que recebi, uma se destacou: "Você praticava *bullying* na escola?"
Eu praticava BULLYING na escola?

Meu filho tinha 5 anos quando, certo dia, me perguntou:
— Você era gordo?
— Sim — respondi. — Eu era gordo quando tinha 16 anos. E fui jogado em um lago por ser gordo.
— Uau!

— Há duas lições que podem ser aprendidas aqui, filho. Não pratique *bullying*, e não seja gordo.
— Você me mostra como era? — pediu ele.
— Quando eu era gordo ou quando fui atirado no lago?
— Os dois.
Inflei as bochechas, caminhei envergonhado pela sala, caí e falei:
— *Splash!*
— Faz de novo em câmera lenta? — pediu Joel. — E coloca uma almofada sob a camisa?
Então eu fiz. Dessa vez, acrescentei uma fala:
— Por favor, não me jogue no lago! Não! *Splash!*
— Pode parecer mais assustado? — disse Joel.
— POR FAVOR! — gritei. — Eu posso me afogar. Por favor. Não, NÃO!
Joel me olhou, assustado. Era culpa dele eu ter ido tão longe. Ele fora como Sam Peckinpah, me incentivando para fazer parecer mais grotesco, basicamente me obrigando a fazer a mímica de engolir água suja enquanto eu lutava até a superfície. Mas acho que ele confiava que, durante a encenação, eu sempre manteria minha dignidade.
Foi quando Joel sorriu.
— Você era TÃO gordo! — disse ele.
Minha vida foi basicamente boa, mas minha mente sempre retorna àqueles dois anos em Cardiff — entre 1983 e 1985 — quando sofria *bullying* todos os dias, era despido, vendado e jogado no parquinho. Aqueles anos pairam sobre mim quando entro em salas novas, quando conheço pessoas diferentes.

•

Para mim, parecia que todos os envolvidos na história de Hank e Adria achavam que estavam fazendo algo bom. Mas, na verdade, só revelavam que nossa imaginação é tão limitada e que nosso arsenal de respostas em potencial é tão estreito que a única coisa que alguém consegue pensar em fazer com uma pessoa que faz humilhações tão inapropriadas quanto Adria é puni-la com outra humilhação. Todas as pessoas que humilham os outros vêm, elas mesmas, de um passado de humilhação, e parecia muito provinciano e contraproducente simplesmente jogar humilhação contra humilhação, como um pedreiro desastrado cobrindo rachaduras.

Pensei em algo que Jonah Lehrer me dissera em Runyon Canyon: "Estou ansioso para ler seu livro, para aprender como as pessoas encontram uma forma de superar a humilhação."

Eu não tinha pensado em escrever algum tipo de guia de recuperação de humilhação pública. No entanto, o que ele disse ficou na minha cabeça. Haveria por aí humilhados das antigas que tinham conseguido sobreviver e que poderiam oferecer uma luz às vítimas dessa nova dinâmica? Haveria pessoas que tinham encontrado uma forma de superar a humilhação? Eu sabia muito bem por onde começar.

7

JORNADA AO PARAÍSO LIVRE DE HUMILHAÇÃO

Chefão da F1 faz orgia nazista doentia
com cinco prostitutas
EXCLUSIVO: Filho de amante fascista de
Hitler em escândalo sexual

O chefe da Fórmula 1 Max Mosley foi exposto hoje como um sadomasoquista pervertido sexual. O filho de Oswald Mosley, o infame líder fascista britânico dos tempos de guerra, foi filmado se divertindo com cinco prostitutas em uma depravada orgia com TEMÁTICA NAZISTA em um calabouço de tortura.

No vídeo, antes de transar com as jovens, ele mesmo banca um assustado prisioneiro de campo de concentração, que tem a GENITÁLIA inspecionada e os cabelos verificados em busca de PIOLHOS — debochando do modo humilhante como judeus foram tratados por guardas de campos de concentração da SS na Segunda Guerra Mundial (...)

Em certo momento, o enrugado homem de 67 anos grita "Ela precisa de mais do que punição!", enquanto agita um CHICOTE DE COURO sobre o traseiro nu de uma morena. Então o açoite desce conforme Mosley conta as chibatadas em alemão: "Ein! Zwei! Drei! Vier! Fünf! Sechs!"
A cada golpe, a garota grita de dor enquanto um sorridente Mosley de cabelos grisalhos fica obviamente excitado. E depois da surra, ele a obriga a realizar um ato sexual.
O pai de Mosley — que odiava judeus e teve Hitler como convidado de honra em seu casamento — se sentiria orgulhoso do domínio da língua alemã mostrado pelo filho pervertido conforme ele caminha em busca de traseiros para golpear. Nossos investigadores obtiveram um vídeo de suas brincadeiras doentias.

— Neville Thurlbeck, *News of the World*, 30 de março de 2008.

Max Mosley estava sentado diante de mim na sala de estar de sua casa em Londres. Estávamos sozinhos. A esposa dele, Jean, se encontrava na outra casa do casal, onde ela agora passava a maior parte do tempo. Conforme Max contou a Lucy Kellaway, do *Financial Times*, em 2011: "Ela não gosta de sair, não quer encontrar pessoas."
Eu não conseguia pensar em ninguém que tivesse superado uma humilhação pública de forma tão imaculada quanto Max Mosley. O poderoso e até então não muito carismático homem da sociedade, o chefe da FIA, o corpo

gerencial das corridas de Fórmula 1, fotografado pelas câmeras escondidas do *News of the World* na situação sexual mais estarrecedora imaginável considerando as associações nazistas peculiares dele, tinha, de alguma forma, conseguido sair do escândalo completamente intacto. Na verdade, até melhor do que intacto. As pessoas gostavam dele mais do que nunca. Algumas pensavam em Mosley como o porta-estandarte de nosso direito de não sentir vergonha. Era assim que eu o via. E agora, Max era a aspiração de todo humilhado. Eu queria que ele me contasse como conseguira.

No entanto, Max pareceu envergonhado com minha pergunta.

— Não sou bom com introspecção — disse ele.

— Mas deve ter alguma noção — falei. — Você estava na banca de jornal naquela manhã de domingo, lendo o artigo do *News of the World*...

— Foi imediato. Como um tufão. Como: "Isso é guerra."

— Então, Max parou de falar e me lançou um olhar para dizer: — Desculpe, mas realmente não sou bom com introspecção.

Acho que ele estava tão curioso a respeito do mistério quanto eu. Mas não sabia a resposta.

— Você teve uma infância estranha... — tentei.

— Imagino que minha criação tenha me deixado um pouco mais forte. Desde cedo, percebi que meus pais não eram como os pais das outras pessoas...

Até aquela manchete da Orgia Nazista Doentia, o maior motivo para a fama de Max Mosley — a não ser para os fãs de Fórmula 1 — eram os pais dele. O pai de Max foi Sir Oswald Mosley, o fundador, no ano de 1932, da União Britânica de Fascistas. Ele fez discursos ao estilo Nuremberg em Londres durante os quais baderneiros eram iluminados por holofotes e cruelmente espancados diante da multidão. Oswald Mosley, do palco, observava. A mãe de Max era a linda socialite Diana Mitford. Ela e a irmã Unity estavam tão encantadas por Hitler — do qual ambas se tornaram amigas — que trocavam cartas, como esta de Unity para Diana:

23 de dezembro de 1935
[...] O Fürer foi *divino*, com o melhor dos humores, e muito alegre. Havia duas opções de sopa, e ele tirou cara ou coroa para saber qual das duas tomaria, e foi tão encantador ao fazer isso. Perguntou de você, e eu lhe disse que viria em breve. Ele falou muito sobre judeus, o que foi agradável. [...]

Com amor e Heil Hitler!
Bobo

Hitler participou do casamento de Oswald Mosley e Diana Mitford, que aconteceu na casa de Joseph Goebbels, em 1936. Max nasceu em 1940, e, quando tinha alguns meses de vida, os pais foram trancafiados até o fim da guerra na prisão Holloway, ao norte de Londres. Essas eram as primeiras lembranças de Max: visitar os pais encarcerados.

— O que não parece estranho quando se tem 3 anos, mas, conforme se fica mais velho, percebe-se que eles eram detestados por grande parte da sociedade. Mesmo assim, eram meus pais, então eu estava totalmente do lado deles.

Quando alguém discutia comigo sobre meu pai, era mais fácil para mim vencer, porque eu conhecia todos os fatos.
— O que os outros diziam sobre seu pai que não era verdade? — perguntei.
— Ah, você sabe, "Ele era amigo de Hitler". Bem, sem entrar muito no mérito de isso ser algo bom ou ruim, eu sabia que ele só se encontrara com Hitler duas vezes, e que, na verdade, não gostava dele. Minha mãe era sua amiga, sem dúvida, e a irmã dela, mas não meu pai.
— Por que seu pai não gostava de Hitler?
— Acho que ele pensava que ele era... — Max fez uma careta.
— Um pouco "blé"? — sugeri.
— Ele fazia muito tipo — concordou Max. — Para aquele tipo de cavalheiro inglês. Mas, por outro lado, meu pai se dava muito bem com Mussolini, do qual o mesmo podia ser dito. Suspeito que via Hitler como outro cara que estava na mesma linha de negócios que ele, mas muito mais bem-sucedido. E minha mãe gostava dele. Não creio que houvesse algum caso, mas... bem, você sabe. De todo modo... Para mim, a coisa toda foi uma chateação e um fardo.

Max entrou no mundo das corridas. Ninguém se importava com o pai dele ali. Conforme contou à revista *Autosport* em 2000, ele sabia que aquele era o lugar ao qual pertencia quando ouviu alguém dizer: "Mosley. Ele deve ter algum parentesco com Alf Mosley, o construtor de carroças." Mas tinha mais ou menos 25 anos quando entrou no ramo, e tinha acabado de começar a frequentar clubes de sadomasoquismo.

— Os clubes de sadomasoquismo são lugares confortáveis para frequentar? — perguntei a ele. — São relaxantes?
— Bem, sim — afirmou Max.

Pelo olhar dele, imaginei que os considerasse locais de integridade, retiros relaxantes, livres da vergonha de um mundo que a supervaloriza como uma arma.

— Você teve medo de ser pego?
— Tomei cuidado — disse ele. — Sobretudo quando comecei a irritar seriamente uma grande parcela da indústria automobilística. — O que Max queria dizer era que, no início dos anos 1990, ele se juntara à campanha para reformar as leis de segurança automobilísticas, obrigando fabricantes a executar testes de colisão. — E quando pensamos no que eles fizeram com Ralph Nader...

•

Ralph Nader. Em 1961, um jovem chamado Frederick Condon bateu com o carro. Na época, peças pontiagudas e falta de cinto de segurança eram considerados luxuosos em interiores de carros. Mas as peças pontiagudas tornaram Frederick Condon paraplégico. Então, o amigo dele — o advogado Ralph Nader — começou a fazer lobby para leis de obrigatoriedade do uso de cinto de segurança. E foi por isso que a General Motors contratou prostitutas para seguir Nader para dentro de lojas — um supermercado e uma farmácia — para seduzi-lo e desacreditá-lo.

— Aconteceu duas vezes — contou Nader quando eu liguei para ele. — Eram mulheres na casa dos 20 anos, muito talentosas. As duas agiam de modo bastante espontâneo, não de um jeito suspeito. Elas puxaram papo. Então foram direto ao assunto.

— O que disseram a você? — perguntei-lhe.

— A primeira disse: "Pode me ajudar a mudar alguns móveis de lugar em meu apartamento?" E a outra: "Estamos discutindo sobre relações internacionais. Gostaria de se juntar a nós?" E lá estava eu, na seção dos biscoitos! — Nader gargalhou. — "Relações internacionais!"

— E tudo porque você queria que pusessem cintos de segurança nos carros?

— Os caras não queriam que o governo dissesse a eles como construir veículos — respondeu Nader. — Eles eram muito libertários nesse sentido, para usar um eufemismo. Puseram detetives particulares atrás de mim por todo canto. Gastaram dez mil dólares apenas para descobrir se eu tinha carteira de motorista. Se eu não tivesse uma carteira de motorista, poderiam me chamar de subversivo, entende?

Por fim, a General Motors foi forçada a admitir a armação e a pedir desculpas a Nader em uma audiência no Congresso. O incidente provou a ele, e mais tarde a Max, que não está aquém da indústria automobilística tentar humilhar os oponentes para silenciá-los na batalha contra os samaritanos da segurança, e que os indivíduos em altos escalões estavam preparados para bolar planos humilhantes como um meio de ganhar dinheiro e controle social. Talvez só reparemos no que está acontecendo quando algo é feito de forma muito óbvia ou muito porcamente, como aconteceu com Ralph Nader.

•

Em uma manhã de domingo, na primavera de 2008, um relações-públicas ligou para Max para perguntar se ele tinha visto o *News of the World*.

— Ele disse: "Tem uma história grande sobre você." Então fui até a banca de jornal.

E, enquanto olhava para as fotos granuladas que milhões de ingleses encaravam naquele momento — um Max nu sendo curvado e espancado por mulheres de uniforme alemão —, uma frase de *Otelo* lhe ocorreu: *Perdi minha reputação. Perdi a parte imortal de mim, e o que resta é bestial.*

Tudo por que Max trabalhara tinha sido posto de lado por algo que sempre considerara uma parte minúscula de sua vida. Ele levou o jornal para casa e mostrou para a esposa. Ela achou que o marido tinha mandado imprimir aquilo como uma piada.

O comportamento de Max daquele momento em diante foi o oposto do de Jonah. Ele deu uma entrevista à BBC Radio 4, na qual dizia que, sim, sua vida sexual era estranha, mas, quando se trata de sexo, as pessoas pensam, dizem e fazem coisas estranhas, e apenas um idiota pensaria o pior dele por causa daquilo. Se o valor de nossa humilhação está no espaço entre quem somos e como nos apresentamos ao mundo, Max estava estreitando esse espaço até que desaparecesse. Ao passo que o espaço de Jonah se tornara tão largo quanto o Grand Canyon.

E Max tinha uma carta na manga. O *News of the World* cometera um erro fatal. A orgia era definitivamente de tema alemão. Mas não nazista.

Então Max processou.

James Price (advogado de Max Mosley): Vou pedir que repasse [as fotos] comigo com muita atenção, por favor. Na página 291, há algo nazista ali?

Colin Myler (editor do News of the World): Não.

Price: Página 292, esse é o sr. Mosley tomando uma xícara de chá; não há nada nazista ali, correto?

Myler: Correto.

Price: Este é o modelo de folha de inspeção da SS?

Myler: Sim.

Price: Pode-se ver com clareza pela foto que é um caderno de espiral de plástico. Creio que seja inconcebível que alguém consiga, sinceramente, descrever aquilo como uma folha de inspeção da SS.

Myler: Discordo.

Price: O que o senhor sabe sobre exames médicos da SS?

Myler: Não sou historiador especializado neles.

Price: Seria justo dizer que não sabe nada sobre inspeções médicas da SS?

Myler: Não em detalhes, não sei.

Price: Qualquer coisa?

Myler: Não em detalhes, não sei.

Quando foi solicitado a Colin Myler e ao jornalista investigativo do jornal, Neville Thurlbeck, em tribunal, que especificassem exatamente onde Max debochava de vítimas judias de campos de concentração, eles apontaram para as fotos das guardas mulheres depilando um Max nu, e observaram que judeus eram depilados em campos de concentração. Mas, conforme James Price indicou, estavam depilando a bunda de Max. Isso não era nada condizente com campos de concentração. Além disso, conforme Max explicou durante seu depoimento, se quisessem parecer nazistas, "teria sido fácil conseguir uniformes nazistas na internet ou com um especialista em fantasias". Sim, eram uniformes, mas eram uniformes genéricos das Forças Armadas alemãs.

O caso do *News of the World* desabou ainda mais quando uma troca de e-mails entre duas das mulheres que interpretaram guardas foi lida no tribunal:

> Oi, meninas. Só para confirmar a encenação de sexta-feira, em Chelsea, começando às 15h. Se estiverem por perto antes disso, vou fazer uma ação judicial com ele ao meio-dia, então, se quiserem testemunhar isso, estejam lá às 11h, mas não se preocupem se não conseguirem.
>
> Mal posso esperar, vai ser ótimo (...) Minha bunda está doida por uma mudança. Beijos.

Uma "ação judicial"? Um cenário nazista poderia se chamar um "julgamento Volksgerichtshof", ou talvez um "Gerichtsverfahren". Mas uma *ação judicial*? James Price pediu ao *News of the World* que explicasse por que, se a orgia era tão nazista, uma das guardas era constantemente chamada no vídeo de "oficial Smith". Eles não tinham resposta. Max ganhou o caso.

Ele ganhou bem: despesas judiciais mais sessenta mil libras por danos morais, a mais alta indenização na história legal britânica para um caso de invasão de privacidade. E, agora, conforme Max me contou, as pessoas o veem "antes de tudo como alguém que foi injustiçado e que lutou, com muito sucesso, por algumas coisas. Estou muito melhor do que estaria se tivesse me escondido".

Dentro de três anos, o *News of the World* deixou de existir. Em julho de 2011, o *Guardian* revelou que um investigador particular, trabalhando para o jornal, invadira o correio de voz de uma adolescente assassinada, Milly Dowler. Na tentativa de controlar o escândalo, Rupert Murdoch fechou o jornal. Mais tarde, Neville Thurlbeck se declarou culpado de invadir o correio de voz e foi preso por seis meses. Colin Myler não foi acusado, e é atualmente o editor-chefe do *New York Daily News*.

Max sentiu como se estivesse lutando não apenas por si mesmo, mas pelos mortos que o precederam. Ele se referia a pessoas como Ben Stronge.

— Ele era um chef inglês que vivia da França, divorciado, e praticava suingue. Um homem e uma mulher do *News of the World* apareceram na casa dele. Ben serviu-lhes o jantar, desapareceu no andar de cima e, aparentemente, voltou vestindo apenas uma pochete. — Max parou. Então ele disse, baixinho: — *Páthos*.

Isso foi em junho de 1992. Quando Ben Stronge descobriu que aqueles que o encaravam não eram praticantes de suingue, mas jornalistas do *News of the World*, começou a chorar. Ligou para a editora do jornal, Patsy Chapman. De acordo com Max:

— Stronge pediu: "Por favor, não publique, porque, se publicar, jamais verei meus filhos de novo." Bem, eles publicaram mesmo assim. Não deram a mínima. Então Ben se matou.

E havia Arnold Lewis. Na primavera de 1978, o *News of the World* decidiu se infiltrar em festas sexuais em trailers nas florestas do País de Gales. A jornalista Tina Dalgleish e o fotógrafo Ian Cutler responderam a um breve anúncio em uma revista de suingue que havia sido colocado por um pastor local, Arnold Lewis. Eles se encontraram num pub.

Poucas pessoas apareceram. Cinco pessoas, três das quais eram Tina Dalgleish, Ian Cutler e Arnold Lewis. Arnold deixou um bilhete codificado para eventuais atrasados, com uma seta apontando a direção do trailer e a distância exata a pé, "6,08 quilômetros".

Chegando lá, eles beberam xerez, comeram biscoitos, uma orgia ocorreu (Ian Cutler e Tina Dalgleish a testemunharam, mas não participaram) e, então, alguns dias depois, a jornalista ligou para Arnold para revelar sua identidade.

Mais tarde, depois que deixei Max, consegui falar com o fotógrafo de Tina ao telefone. Ele se recuperava de um derrame sério, mas queria falar. Jamais parou de pensar em Arnold Lewis, disse Ian. Fazia 35 anos que aquilo o perturbava.

— Arnold disse a Tina que, se publicasse a matéria, ele se mataria — contou Ian. — O homem era pastor. Porra. Ele era um pastor em uma cidadezinha do País de Gales.

O *News of the World* publicou, e Arnold Lewis se matou, inalando a fumaça do escapamento do carro. Foi encontrado dentro do próprio veículo na manhã em que a matéria saiu. A manchete dizia: *Se você for até o bosque hoje, terá uma grande surpresa.*

Max e eu passamos a tarde tentando entender. Havia algo a respeito do comportamento dele logo após a matéria do *News of the World* que deixou o público totalmente desinteressado em destruí-lo. Max pareceu acertar a fórmula naturalmente. As pessoas se acalmaram. Mas qual era a fórmula?

Em certo momento, ele levantou a possibilidade de que poderia ser um sociopata. Talvez tivesse sobrevivido àquilo tudo ao usar seus superpoderes sociopatas. Talvez o "tufão" instantâneo de fúria resiliente de Max na banca de jornal fosse um tufão sociopata. Talvez fosse disso que gostávamos nele — essa fúria resiliente. Max me contou que em 1991, dois anos antes de conseguir o emprego como presidente do corpo gerencial das corridas automobilísticas, eles "contrataram um psiquiatra para me analisar, e o homem concluiu que eu era um sociopata". Ao me dizer isso, me lançou um olhar ansioso.

Suspirei.

— Você sente empatia? — perguntei a ele.

— Sim! — afirmou Max. — O motivo para grande parte das coisas que fiz na vida foi me apiedar dos outros. E o psiquiatra jamais se encontrou comigo. Ele só avaliou isso de longe.

— Bem, não acho que seja um sociopata.

— Ufa!

— De todo modo — complementei —, um psicólogo me falou certa vez que, se você teme ser um sociopata, isso quer dizer você que não é.

— Obrigado, Ron, mais um ufa — respondeu Max. E parou. — Jon. Eu quis dizer Jon.
— Mais uma prova de que não é um sociopata, porque sociopatas não se importariam se me chamassem de Ron.
— Outro ufa! — respondeu Max.

Começava a escurecer quando saí da casa de Max. Nós dois sentimos que não tínhamos conseguido resolver o mistério, então concordamos em continuar pensando a respeito.

— Ah, aliás — falei, ao sair —, ouviu falar de uma casa de sadomasoquismo nos Estados Unidos chamada Kink? Acho que tenho um convite para visitá-los.

— Kink? — Os olhos de Max se arregalaram. — Esse é *o* lugar! Só vi pela internet. Eles têm máquinas. Têm coisas elétricas. Têm água. Têm tudo que se possa imaginar. Estou com inveja!

— Parece promissor! — falei.

Meu convite para a Kink veio pouco depois de eu mencionar no Twitter que estava escrevendo um livro sobre humilhação pública. Um de meus seguidores — Conner Habib — perguntou se eu iria me encontrar com pessoas que sentem prazer sexual em serem publicamente humilhadas.

— Não! — respondi. — Isso não passou pela minha cabeça.

Ele me disse que, na verdade, era uma estrela do pornô gay, e que, se eu quisesse saber mais sobre seu trabalho, deveria pesquisar seu nome no Google. Fiz isso e imediatamente encontrei muitos closes de seu ânus. Mandei um e-mail para perguntar como conseguia fazer aquele tipo de trabalho sem se sentir envergonhado.

"Acho que há muito a aprender com estrelas do pornô a respeito de como não se sentir envergonhado ou vulnerável", respondeu ele por e-mail. Conner acrescentou que muitas das pessoas da indústria sexual se tornam funcionárias de asilos. "Elas não têm medo do corpo humano, então podem ajudar os outros na transição da doença e da morte. Não tenho certeza do que me humilharia a esta altura. Se quiser conversar mais sobre isso, estou disposto. Só não me faça parecer mais bobalhão do que já sou. Talvez seja isso que humilhe uma estrela pornô — um artigo de Jon Ronson."

Franzi a testa.

Os e-mails de Conner me despertaram interesse na jornada pelo mundo pornográfico. Estaria mesmo repleto de pessoas que tinham aprendido a serem imunes à vergonha? De repente, pareceu um bom talento para se ter.

Ele me colocou em contato com uma empresária famosa da indústria pornográfica — Princess Donna Dolore, dos estúdios Kink. Trocamos e-mails. "Quando eu era pequena, tinha vergonha de tudo", escreveu ela. "E em certo momento percebi que, se fosse franca com o mundo a respeito das coisas que me envergonhavam, elas não teriam mais peso! Eu me senti livre!" A empresária acrescentou que sempre bola os cenários pornográficos com essa fórmula. Imagina circunstâncias que a deixariam morta de vergonha, "como ser amarrada, nua, em uma rua, com todos me olhando", e os encena com atores que pensam de modo semelhante, liberando-os do medo.

Donna e eu marcamos de jantar em Los Angeles. Naquela manhã, mandei um e-mail para ela: "Vejo você esta noite às 19h!"

Às 17h40, mandei um e-mail de novo: "Não se esqueça de que vamos nos encontrar em uma hora e vinte minutos!"

"Claro!", respondeu ela.

Cheguei ao restaurante às 18h50. Duas horas e dez minutos depois, ainda sentado ali, verifiquei o Twitter de Donna. A última mensagem dela, escrita quatro horas antes, dizia: "Alguém, por favor, me diga que porra eu tenho que fazer às 19h! Por que diabos eu não escrevo essas merdas?!?"

Voltei arrastando os pés, arrasado, para o hotel. *Se deixar as pessoas esperando em restaurantes durante horas é a vida em um mundo pós-humilhação, então prefiro ficar fora dele*, pensei

À meia-noite, Donna me mandou um e-mail: "PORRA! Mil desculpas."

"Tudo BEM!", respondi.

"Tem um Public Disgrace amanhã, se quiser ir", convidou ela.

•

Era meia-noite do lado de fora de um bar esportivo em San Fernando Valley. Da frente, o lugar parecia escuro e vazio — todo fechado. Mas Donna me dissera para dar a volta até os fundos, entrando pela porta de incêndio atrás das lixeiras. Quando Max me contou como a Kink era impressionante, não estava se referindo ao bar esportivo. O quartel-general da casa é um enorme e ornamentado armazém de armas de 1914 em São Francisco, equipado com todo tipo de equipamento de masmorra e tortura. Bati à porta de incêndio. Um segurança marcou meu nome em uma lista.

Avaliei o salão do bar. Havia vinte pessoas ali — sujeitos de meia-idade sentados sozinhos, alguns casais jovens. Todos pareciam nervosos. Um homem caminhou até mim.

— Sou Shylar — disse ele. — Shylar Cobi.

— Trabalho na indústria pornográfica? — perguntei.

— Há 23 anos. É tudo o que conheço.

Shylar tinha um rosto meigo e melancólico. Ele me lembrou do cachorro Mingau, dos desenhos de Tom e Jerry. Perguntei um pouco sobre sua vida. Ele disse que não trabalhava só com Donna. Era um produtor freelancer, que filmava, em média, cinquenta pornôs por ano. O que significava que fora creditado mil vezes, inclusive em — descobri mais tarde no IMDb — *Orgy University* [Universidade da orgia], *Wet Sweaty Boobs* [Peitos molhados e suados] e *My Slutty Friends* [Meus amigos depravados].

— Então, qual é o plano para esta noite? — perguntei.

Shylar deu de ombros.

— O mesmo de sempre. O casal trepa, o cara goza, nós limpamos tudo, todos vão para casa.

Shylar carinhosamente apertou meu braço para se certificar de que eu estava bem. Ele não foi o único. Vários membros da produção fizeram isso comigo a noite inteira — esfregaram minhas costas, apertaram meu braço. Imagino que, por ser franzino e parecer uma coruja, não pareço o tipo de pessoa que costuma frequentar filmagens pornográficas hardcore, e acho que todos queriam garantir que eu não me estava me sentindo intimidado nem prestes a desmaiar. Foi bonitinho. Profissionais do pornô estavam sendo tão legais e atenciosos comigo que era quase como se *eu* fosse a pessoa prestes a ter a genitália eletrocutada. Mas não seria minha genitália. Seria a genitália de uma atriz pornô chamada Jodi Taylor, que, sentada no canto do bar, discutia logística com Princess Donna, que naquele momento ficou de pé, mandou todos se calarem e fez um discurso sobre o que era esperado de nós.

— Então — começou ela, —, o nome do site é Public Disgrace. É um site sobre humilhação pública. Vocês são apenas pessoas bebendo e se divertindo, e não fazem ideia de que vamos aparecer neste bar. Quando entrarmos, estarão todos convidados a participar até certo ponto. Podem apalpar a modelo, presumindo que estejam com as mãos limpas e as unhas curtas. Temos cortadores de unha e lixas, se alguém precisar. Podem dar tapinhas na bunda dela, mas a questão não é mostrarem a nós com quanta força podem bater em alguém. Não quero ver ninguém dar golpes sérios. Às vezes as pessoas tentam se exibir com os tapinhas. Tenho certeza de que podem bater muito, muito forte, mas não quero ver isso. Outras coisas que podem fazer: cuspir no corpo dela, jogar bebidas, puxar-lhe os cabelos. Podem cuidadosamente dar um tapa no rosto dela. Porém, tentem não ser ofensivos demais. Vocês podem gritar coisas e degradá-la verbalmente. Isso é encorajado. Mas não sejam *babacas*. — Ela resumiu: — Então, não fiquem cheios de merda, não soquem a bunda dela, e aproveitem.

Donna e Jodi Taylor desapareceram em um corredor do lado de fora, no qual Donna prendeu uma bola com grilhão na modelo. Ela deu um sinal ao cameraman. Ele apertou "Gravar". E começou.

Os frequentadores do bar fingiram surpresa ao verem Donna puxando uma estridente Jodi Taylor para dentro do bar.

— O que é ISSO? — Um homem de gorro bateu a bebida no balcão, "revoltado".

Donna rasgou as roupas de Jodi Taylor e prendeu eletrodos à genitália dela.

— O que você está FAZENDO? — disse o homem. Ele parecia ser o único na multidão ousado o bastante para improvisar um diálogo ou simular emoções de qualquer tipo.

— É eletricidade — disse Donna. — Quer dar um choque nela?

— Se eu quero dar um choque nela? — O homem meneou a cabeça. — Só vim tomar um drinque. Ah. Tudo bem.

Donna entregou a ele o controle remoto. O homem pressionou o botão. Nada aconteceu.

— Desligue e ligue de novo — instruiu Donna.

Ele obedeceu. Então apertou o botão. Jodi Taylor gritou.

(Mais tarde, durante uma pausa das filmagens, alguns dos membros da multidão expressaram dúvida com relação a haver mesmo eletricidade percorrendo as pás até a genitália de Jodi, então uma mulher colocou a pá contra a própria mão e apertou o botão; ela gritou. Depois, recebi um e-mail de Jodi Taylor: "Obviamente, se algo como desgraça pública acontecesse comigo na vida real, seria extremamente intenso, aterrorizante e terrível. Mas essa é a beleza do pornô. Você pode fazer essas coisas de verdade sem, de fato, fazê-las. É tudo faz de conta. É pura fantasia, e uma fantasia nunca é humilhante ou assustadora. É incrível. O objetivo de Princess Donna é mais fazer a fantasia da GAROTA PORNÔ se tornar bem mais real do que a fantasia do público. Apenas com ela se pode ter uma fantasia tão tabu quanto um estupro coletivo ou desgraça pública e, de fato, vivenciá-la, enquanto se sente completamente seguro e confortável.")

Shylar Cobi me contou que a plateia consistia de amigos e amigos de amigos, com uma exceção. Havia um ator pornô contratado entre nós. E agora ele surgia e começava a transar com Jodi Taylor. Ao verem isso, todos se tornaram mais corajosos, mesmo que um pouco travados. "Coloque gelo no dente dela", gritou um homem. Alguém jogou cerveja na cabeça de Jodi. Tentei manter uma distância respeitável, mas, em alguns momentos, quando precisava me assegurar de que estava entendendo corretamente as minúcias da coisa, acho que entrei em cena. Então, se você é um espectador do Public Disgrace e a ambientação erótica foi destruída pelo surgimento repentino de um homem de óculos olhando de perto e escrevendo coisas em um bloco de anotações, sinto muito.

Então eles gozaram, limparam tudo e todos foram para casa. Mais tarde, passei um tempo com Donna. Eu lhe disse que achava que ela definitivamente criara um ambiente de trabalho mais atencioso do que a maioria dos escritórios comuns. Não havia chefes tiranos caminhando pelo lugar e humilhando os empregados.

— Outras especialidades da indústria pornográfica são mais assustadoras e exploradoras? — perguntei a ela. — E foi por isso que todos aqui estavam fazendo um esforço tão especial?

Donna assentiu, mas disse que não queria falar sobre outras partes da indústria, e sim conversar sobre o que vinha tentando alcançar com o Public Disgrace.

— Os Estados Unidos são um lugar muito puritano — disse ela. — Se puder ajudar pelo menos uma pessoa a se sentir menos bizarra e sozinha por causa do que gosta, então será um sucesso. Mas sei que já afetei mais pessoas do que isso.

•

Algumas semanas depois, recebi um e-mail interessante de Max Mosley. Assim como eu, ele vinha pensando muito sobre o que havia feito para não sofrer nem uma gota de humilhação pública. E agora, escrevia Max, ele achava que encontrara a resposta. Era simplesmente o fato de que se recusara a sentir vergonha.

"Assim que a vítima se retira do jogo, recusando-se a se sentir humilhada, a coisa toda desaba!", disse ele.

Li o e-mail de Max. Poderia ser isso? Será que uma humilhação só funciona se o humilhado participar dela ao se sentir envergonhado? Não havia dúvida de que Jonah, e Justine também, estavam muito imersos na própria humilhação. Max, no entanto, se recusava a bater de frente com a dele. Imaginei se a falta da vergonha era algo que algumas pessoas simplesmente tinham. Ou seria algo que poderia ser ensinado?

E foi assim que descobri um homem dando um curso sobre como se recusar a sentir vergonha.

8

O WORKSHOP DE ERRADICAÇÃO DA VERGONHA

Doze americanos — que não se conheciam — estavam sentados em círculo em uma sala no hotel JW Marriot, em Chicago. Havia executivos e executivas com camisas sociais, ao estilo escola particular americana, um casal de jovens errantes, estilo festival Burning Man, um homem com um rabo de cavalo estilo Willie Nelson e rugas profundas no rosto. No meio, Brad Blanton se acomodava. Ele era um homem grande. A camisa, aberta no peito, era de um branco encardido, assim como seus cabelos. Com o rosto queimado de sol, o homem parecia uma bola vermelha abandonada em neve suja.

Então, ele fez um movimento.

— Para começar — disse Brad —, quero que contem algo que não querem que saibamos.

•

— Muita gente passa pela vida constantemente envergonhada de sua aparência, ou de como se sente, ou do que falou, do que fez. É como uma preocupação adolescente permanente. É na adolescência que passamos o tempo todo preocupados com o que os outros podem pensar de nós.

Isso era uma conversa entre Brad Blanton e eu, alguns meses antes, pelo Skype. Ele me contava sobre como, trabalhando como psicoterapeuta, passara a entender por que tantos de nós "vivemos com medo constante de sermos expostos, ou de sermos julgados como imorais, ou como não sendo bons o bastante".

Porém, Brad tinha inventado uma forma de erradicarmos esses sentimentos. O método se chamava Honestidade Radical.

Brad Blanton diz que devemos jogar fora os filtros entre nossos cérebros e nossas bocas. Se você pensa, diga. Confesse para seu chefe seus planos secretos de começar sua empresa. Se está fantasiando sobre a irmã de sua esposa, Blanton diz para contar à esposa e à irmã. Esse é o único caminho para relacionamentos autênticos. É a única forma de esmagar a alienação destruidora de almas da modernidade.

— A. J. Jacobs, "I Think You're Fat" [Acho que você está gordo], revista *Esquire*, julho de 2007.

A lógica de Brad é que a vergonha cresce quando a internalizamos. Veja o freneticamente evasivo Jonah. Então o compare a Max Mosley. O animal preferido de Brad era o cachorro. O cachorro não mente. O cachorro não sente vergonha. O cachorro vive no presente. Max Mosley era como um cachorro. Deveríamos ser como cachorros. E nosso primeiro passo na direção de sermos como cachorros seria revelar ao grupo algo sobre nós mesmos que não queríamos que as pessoas soubessem.

Por coincidência, minha amiga — a escritora e âncora Starlee Kine — fez o curso de Brad alguns anos atrás como pesquisa para um livro que está escrevendo. Eu me encontrei com Starlee antes de pegar o voo para Chicago. Pedi que não me contasse o que deveria esperar — eu queria ser surpreendido —, mas ela me revelou a primeira parte. Disse que Brad sempre começa com o pedido de que os participantes revelem um segredo.

— Com meu grupo — falou Starlee —, o primeiro homem disse que o segredo dele era que não pagava impostos havia dez anos. Todos assentiram com a cabeça e pareceram desapontados pelo segredo não ser tão sensacional. Então o cara seguinte revelou que o segredo dele era que um dia assassinara um homem. Ele estava em um caminhão com o sujeito e o socou na cabeça, então o atirou para fora e o cara morreu, e outro carro o atropelou. E ele não foi preso e jamais contou a ninguém.

— O que Blanton disse? — quis saber.

— Ele disse: "Próximo. Ótimo." Então passou para a mulher seguinte. Ela falou: "Ah! Meus segredos são tão chatos! Imagino que possa mencionar sobre como transo com meu gato." Então o assassino ergueu a mão e disse: "Com licença. Queria acrescentar a meu segredo que também transo com meu gato."

Starlee achou o curso de Brad uma loucura. Eu provavelmente teria achado também, caso não tivesse sido sazonado pela destruição de Jonah e de Justine e pela salvação de Max.

— Bem... — começou uma mulher chamada Melissa, sentada diante de mim no círculo. Ela era uma advogada de sucesso. Mas a paixão dela era sexo sadomasoquista: — Humilhação é o que mais me excita.

Ela até mesmo construiu uma masmorra própria. Mas a masmorra do sexo de Melissa não era o segredo. O segredo era que havia ganhado mais de 550 mil dólares no ano anterior e se envergonhava de ter recebido tanto.

Mais tarde, quando contei isso a Starlee, ela me explicou que, na verdade, Melissa é frequentadora dos workshops de Brad. É protegida dele.

— Ela conta a todos sobre a masmorra — disse Starlee.

— Como você responde a isso é o que usa para julgar o quanto você é racional.

Vincent estava sentado ao lado de Melissa. O segredo dele era que começava a se arrepender de ter se inscrito no curso de Brad.

— Foi uma decisão precipitada, e quinhentos dólares é muito dinheiro para mim — disse ele. — Eu ia gastar essa grana para visitar minha namorada na Tailândia.

— Ele pagou pelo curso todo? — perguntou Brad a Melissa.

— Só o depósito de 150 dólares — respondeu ela.

— Pegue o dinheiro com ele — orientou Brad.

O professor estava mostrando de forma radicalmente honesta que estava mais preocupado em conseguir os 350 dólares que Vincent devia do que em assegurar o sujeito de que ele tomara uma boa decisão ao se inscrever no curso.

— Posso pagar o que devo no intervalo? — sugeriu Vincent.

Brad lançou-lhe um olhar desconfiado.

Emily falou a seguir. O segredo dela era que vendia maconha para se sustentar.

— Tipo, por grama? — quis saber alguém.
— Por quilo — respondeu Emily. — Cobro uns 3.400 dólares por meio quilo.
— Tem medo de ser pega? — perguntei a ela.
— Não — afirmou Emily.
— Somos muito discretos — interveio o namorado dela, Mario, para o grupo.

O segredo de Mario era que às vezes dizia a Emily que achava que ela estava gorda.

— Você não está gorda — falei para Emily.

O outro segredo de Mario era:
— Uso meus sonhos lúcidos como oportunidades para estuprar mulheres. Encontro a primeira garota que está por perto e faço o que quero. Eu me acabo com ela.
— Posso ser a estrela do seu próximo sonho? — ofereceu-se Melissa.

Eu estava com dor de cabeça.
— Alguém tem um analgésico? — perguntei para todos.

Melissa levou a mão ao bolso e pegou uma sacolinha cheia de comprimidos de formas e cores diferentes. Escolheu dois e os entregou para mim. Engoli.

— Obrigado. Não tenho ideia de que tipo de comprimidos acaba de me dar. Na verdade, me ocorreu que você pode ter acabado de me dar um "boa noite, Cinderela".

Nossa, que sensação boa, refleti. *Pensei, então falei, sem possibilidade de consequências negativas!*
Melissa me lançou um olhar inescrutável.

Jim era engenheiro em uma empresa de petróleo.
— Não quero que saibam... — a voz dele falhou — ... que sou viciado em drogas.
Fez essa declaração de forma tão impactante que tomou a sala de surpresa.
— Eles não fazem testes antidrogas na empresa de petróleo? — perguntou alguém a Jim.
— Sim, fazem.
— Você não costuma ser reprovado neles? — indagou Brad.
— Não — afirmou Jim. — Ainda não fui reprovado.
— Como faz para burlar? — perguntou a amiga de Brad, Thelma, cujo segredo era assistir pornô gay masculino.
— Eu... não sei — disse Jim.
— Em que drogas é viciado? — perguntou Brad.
— Eu gosto... de maconha.
Um breve silêncio.
— Quanto você fuma? — perguntei a ele.
— Em três semanas, fumo uns trinta gramas — falou Jim.
— É só isso? — disse Emily com a voz esganiçada.
— Certa vez me senti muito atraído por um homem que achei que fosse uma mulher, e acabei passando um tempo com ele e pagando por isso — confessou Jim.
Todos pareceram menos indiferentes ao novo segredo.

O segredo de Mary era o quanto ela estava aceitando mal ter sido rejeitada pela parceira, Amanda.

— Tenho 50 anos e estou sozinha. — Mary olhou para o chão. — Eu me perdi.

Ela não ficava simplesmente sentada, deprimida, em casa. Era pior do que isso. Ligava repetidas vezes para Amanda. Houve uma época em que Amanda dizia para Mary: "Um dia, vou casar com você." Agora, tudo o que dizia a ela era: "Pare de me ligar."

Brad disse a Mary para ocupar o Assento Quente, e apontou para uma cadeira vazia.

— O que diria a Amanda se ela estivesse sentada diante de você agora mesmo? — perguntou o professor.

— Eu diria que fiquei magoada por ter me mandado parar de procurá-la.

— Diga isso a ela — incitou Brad.

— Fiquei magoada por você ter dito "Não me ligue" — sussurrou Mary para o nada.

— Experimente usar uma voz de ódio — sugeriu Brad.

— VÁ SE FODER! — gritou Mary para a cadeira vazia.

— Fiquei magoada por você ter dito "Um dia vou casar com você", e então não ter casado. Então, VÁ SE FODER! Fiquei magoada porque você é uma vaca escrota às vezes. Fiquei magoada porque você me trata como... por dizer todas aquelas coisas lindas e depois retirar tudo... — Mary soluçava.

— Bom — disse Brad. — Quando irá dizer isso para ela?

Mary engoliu em seco.

— Estou pensando em onde...

— Ligue para ela — disse Brad. — Diga: "Não é um pedido. Vamos conversar sozinhas ou na frente de toda a

porra dos seus colegas trabalho, e você tem um dia para se decidir, cacete."
— Tudo bem — disse Mary, baixinho.
— Então, quando? — disse Brad.
— Até o fim de semana que vem? — respondeu ela.
— Bom.
Jack, um veterinário viciado em sexo, parecia desconfortável.
— Como se usa essa abordagem de forma que as pessoas não chamem a polícia, Brad?
— Você está pedindo que as pessoas saiam desta sessão — complementei — e tomem uma atitude com relação a pessoas que não estão participando do workshop. Pode acontecer de pessoas se machucarem. Pode ser que chamem a polícia.
— As pessoas chamam a polícia às vezes. — Brad deu de ombros. — Leva vinte minutos para que chegue. Então, você tem vinte minutos para extravasar todo o ódio.
— Imagino que isso nem sempre acabe bem — comentei.
— É porque você passou a vida toda sofrendo lavagem cerebral sobre todas as tragédias que podem acontecer — disse Brad. — Sim, as pessoas se irritam, as pessoas se chateiam. Mas as pessoas superam as coisas. As pessoas se preocupam com o que acontece nos primeiros cinco segundos. Mas eu estou preocupado com os próximos cinco minutos. Estou determinado a fazer as pessoas se encararem até superar isso.

Esta última parte, afirmou Brad, era crucial. Você continua junto daquele com quem acabou de gritar até que o ressentimento se dissipe. É assim que as feridas são curadas.

Vincent — o homem que estava se arrependendo de ter entrado no curso — anunciou de repente:

— Desculpe. Vou embora. Isto não é para mim. Desculpe.
— Fiquei magoada por você dizer que vai embora — disse Melissa.
— Tudo bem — respondeu Vincent.
— Acho que nunca vou superar essa mágoa — completou Melissa.

Uau, pensei. *Deixe o cara em paz. Você acabou de conhecê-lo.*

— Fiqui magoada por você dizer a ele que jamais vai superar a mágoa por ele ir embora — disse eu para Melissa.
— Agradeço por você se sentar aí e me ouvir — disse Melissa a Vincent.
— Obrigado. — Vincent quase sorriu.
— Ou caga ou sai do vaso, cara — falou Jack, o veterinário viciado em sexo. — Fiquei magoado por você dizer que vai embora e ainda estar aqui.

Vincent foi embora.

A sessão do dia acabou. Eu disse que esperava que ninguém se importasse, mas estava cansado, então não jantaria com o grupo. Iria embora para assistir à TV e mandar alguns e-mails.

— Eu me sinto menosprezado — disse Brad.
— Ah, não se sente, não — respondi. Embora soubesse que sim.

•

Havia um motivo pelo qual eu precisava ir para o quarto, e não explicara a ninguém. Eu tinha uma crise de trabalho. Uma matéria na qual vinha trabalhando se tornara caótica, e minha editora e eu estávamos batendo cabeça, trocando e-mails tensos.

Parecera uma história intrigante no início. Há uma tradição de jornalistas se disfarçarem para vivenciar a injustiça em primeira mão. O pioneiro foi John Howard Griffin, que, em 1959, escureceu a cor da pele e passou seis semanas pedindo carona como um homem negro pelo sul dos Estados Unidos, na época da segregação — uma jornada transformada em crônica no livro de 1961, *Black Like Me* [Negro como eu]. Ao longo dos anos, editores me pediram para passar por jornadas semelhantes. Depois do 11 de Setembro, uma produtora de TV sugeriu que eu pintasse a pele e me mudasse para uma área muçulmana de Londres. Mas, para mim, parecia que ela basicamente queria que eu espionasse muçulmanos, então me neguei. Desta vez, no entanto, foi pedido que eu me disfarçasse para vivenciar uma injustiça diferente.

— Queremos que seja uma mulher — disse a editora. — Vamos trabalhar com um artista de próteses para tornar você irreconhecível. Contrataremos um especialista em linguagem corporal para ensiná-lo a caminhar como uma mulher.

— Mulheres e homens andam diferente? — perguntei.

— Sim — disse ela.

— Nunca soube disso. Pode ser bem interessante. Como homem, raramente sou assediado. Mas, como mulher, isso pode acontecer bastante. Como eu me sentiria? E será que as mulheres se comportam de forma diferente quando não há homens por perto, como em academias só para mulheres e saunas só para mulheres? Estou intrigado. Eu topo.

Então, me encontrei com uma artista de próteses em uma universidade no oeste de Londres. Ela cobriu meu rosto de alginato e tirou um molde. Uma máscara protética foi feita. A artista passou algumas semanas manipulando-a até obter traços femininos. Eu a coloquei no rosto. Parecia uma mulher com uma cabeça gigante. A editora me chamou para uma reunião.

— Tudo bem — disse ela. — Não se preocupe. Não usaremos a cabeça protética. Ainda podemos fazer você ter a aparência exata de uma mulher.

— Tem certeza?

— Você ficará surpreso com o que algumas horas de instrução sobre linguagem corporal de movimentos farão — disse ela.

— Não acha que é um perigo confiarmos demais nisso? Foi a prótese que me fez comprar a ideia.

— Prometo que não o deixarei sair deste prédio a não ser que se passe perfeitamente por uma mulher — garantiu ela.

Então, em uma sala de reuniões vazia em um canto silencioso do escritório da revista, eu me vesti de mulher. A maquiagem foi aplicada. Coloquei uma peruca, um vestido e um sutiã com enchimento. Passei horas sob a tutela do especialista em linguagem corporal. Fotografias de teste foram tiradas. Por fim, saí da sala de reuniões e caminhei da forma como meu professor instruíra até a mesa da editora.

Ela engoliu em seco quando me viu.

— Fizeram um trabalho incrível. — Então se virou para a editora-assistente. — Não fizeram um trabalho incrível?

A editora-assistente engoliu em seco.

— Sim — disse ela.

— Você está exatamente como uma mulher — garantiu a editora. — Agora, saia e viva a vida como uma.

— Não acho que eu esteja parecendo uma mulher — falei.

— O quê?! — disse a editora. — Você está uma mulher perfeita.

— Não acho que eu pareço em nada com uma mulher — insisti.

A editora analisou a minha expressão atormentada. Hesitei por um momento. Então caminhei até a saída. O suor borrava minha base. Olhei por cima do ombro para as editoras. Elas me lançavam olhares encorajadores e indicavam a porta. Eu me senti enjoado, sem fôlego. Meu estômago se apertou. Então parei. Não conseguiria. Virei-me, desci as escadas de novo e vesti as roupas de homem.

Uma semana se passou e nosso relacionamento continuava frio. A editora sentia que eu deixara de cumprir meu dever profissional, e estava sendo sensível demais. "Não pense muito, Jon", disse ela por e-mail. "É apenas uma matéria divertida. Não deveria ser motivo de algum tipo de crise de meia-idade." Senti que a premissa original da matéria tinha desabado, e o motivo para elas terem ficado felizes em me mandar mundo afora sem parecer em nada com uma mulher era porque, em nossa linha de trabalho, quanto mais a pessoa é humilhada, mais a matéria tende a se tornar viral. Vergonha pode fazer muita diferença na vida de um jornalista — a vergonha, e, a inflição profissional dela sobre os outros.

Ninguém jamais pode ver aquelas fotos de teste, passei a semana toda pensando. *Nunca.*

Agora, deitado no quarto de hotel, eu entendia a verdade daquilo. Meu medo de humilhação fechara uma porta. Grandes aventuras que poderia ter vivido vestido de mulher jamais aconteceriam. Eu fora impedido pelo medo. Ele me tirara do caminho certo. O que, na verdade, significava que eu era apenas como a grande maioria das pessoas. Sabia disso por estudar o trabalho de David Buss, um professor de psicologia evolucionária na Universidade do Texas, em Austin.

Um dia, no início dos anos 2000, Buss estava em um coquetel quando a esposa de um amigo começou a flertar com outro homem diante de todos: "Ela era uma mulher deslumbrante", escreveu Buss, mais tarde. "Olhou para o marido com desdém e fez uma observação indelicada sobre a aparência dele, então se virou direto para a conversa com o flerte."

O amigo de Buss saiu batendo os pés, e o professor o encontrou soltando fogo pelas ventas, dizendo que se sentia humilhado e queria matar a mulher: "Eu não tinha dúvida de que ele o faria. Na verdade, estava tão transtornado de ódio, um homem tão transfigurado, que parecia capaz de matar qualquer coisa viva ao alcance. Temi por minha vida."

O amigo não matou a esposa. Ele se acalmou. Mas o incidente deixou Buss abalado. E por isso decidiu fazer um experimento. Fez uma pergunta a cinco mil pessoas: "Você já fantasiou matar alguém?"

— Nada — escreveu Buss, mais tarde, no livro *The Murderer Next Door* [O assassino na casa ao lado] — me preparou para aquela enxurrada de pensamentos assassinos.

Pela pesquisa dele, 91% dos homens e 84% das mulheres tiveram "ao menos uma fantasia vívida de matar alguém". Havia o sujeito que imaginou "contratar um especialista em explosivos" para explodir o chefe no carro, a mulher que queria "quebrar cada osso" do corpo do parceiro dela, "começando com os dedos das mãos e dos pés, então seguindo devagar para os ossos maiores". Havia espancamento com um taco de beisebol, estrangulamento seguido de decapitação, esfaqueamento durante o sexo. Algumas pessoas seriam incendiadas. Um homem seria exposto a abelhas assassinas.

— Assassinos estão à espreita — concluía, diretamente, o livro de Buss. — Estão observando. Estão ao nosso redor.

As descobertas dele o transtornaram profundamente. Mas eu as vi como boas notícias. Certamente fantasiar com a morte de alguém e então não executá-la é um modo de nos ensinarmos a agirmos com consciência. Portanto, as conclusões de Buss pareciam tolas para mim. Mas havia algo diferente a respeito do estudo dele que achei extraordinário. Era algo que — como me mandou por e-mail seu assistente de pesquisa, Joshua Duntley — "não codificamos especificamente". Era a parte em que Buss perguntava aos entrevistados o que tinha estimulado os pensamentos assassinos.

Havia o garoto que sonhava raptar o colega de classe, "quebrar as duas pernas dele para que não pudesse correr, espancá-lo até virar panqueca e então derramar ácido na testa dele". O que o colega de classe tinha feito para merecer isso? "Ele 'acidentalmente' deixou os livros caírem na minha cabeça, e todos os amigos dele riram bastante." Havia o funcionário de um escritório que imaginou "sabotar os freios do carro de meu chefe para que falhem na autoestrada". Por quê? "Ele me deu a impressão de que eu era um perdedor de verdade. Debochava de mim na frente dos outros. Eu me senti humilhado."

E assim por diante. Quase nenhuma das fantasias assassinas fora sonhada em resposta a um perigo real — ex--namorados obcecados etc. Eram todas a respeito do horror da humilhação. Brad Blanton estava certo. A vergonha internalizada pode levar à agonia. Pode levar a Jonah Lehrer. Por outro lado, a vergonha libertada pode conduzir à liberdade, ou pelo menos a uma história engraçada, o que também é um tipo de liberdade.

Então, ali no quarto, decidi que eu me dedicaria ao segundo dia do curso de Brad. Deixaria a vergonha sair. Seria Max Mosley. Seria radicalmente honesto.

•

No segundo dia, Brad me perguntou, diante do grupo, se eu gostaria de ocupar o Assento Quente, considerando que estivera tão quieto no primeiro dia.

Pigarreei. Todos sorriam para mim, esperançosos, como se fosse o início de um bom programa de televisão. Hesitei.

— Na verdade, não — respondi.

Os sorrisos esperançosos se tornaram questionadores.

— A verdade é que — comecei a explicar — não acho que meus problemas sejam tão ruins quanto os de todos na sala. Além disso, não gosto de conflito.

Esclareci que não era contra conflito de uma forma estranha: eu até gosto de ver as pessoas em conflito. Se notar duas pessoas gritando uma com a outra na rua, costumo parar, longe, e observar. Mas não era minha praia participar de um.

— Assim, não quero que vocês pensem que sou contra o Assento Quente — concluí. — Foram minhas partes preferidas do curso até agora. Acho as palestras entre elas bem chatas, mas os Assentos Quentes são ótimos.

— Ou seja, você quer que haja um Assento Quente, mas não quer ser aquele que o ocupa? — indagou a amiga de Brad, Thelma.

— Sim — afirmei.

— Vá para o Assento Quente agora mesmo, vá em frente — disse Thelma.

— Não, não. Estou realmente mais confortável observando os outros fazerem isso.
— COVARDE! — gritou Thelma. — Você é COVARDE!
— Aproveite a chance de se sentar nele, Jon, — sugeriu Brad.
— Ahã... — falei. — Mas, sério, não tenho nada que seja tão grave a ponto de me colocar no Assento Quente. Não quero criar um silêncio desconfortável nem desenterrar nada. Estaria fingindo. Só acho que as outras pessoas aqui têm mais problemas do que eu.
— MENTIRA! — gritou Thelma.
— VOCÊ É UM DESGRAÇADO ARROGANTE E CONDESCENTE! — disse Brad.
— Não acho que eu tenha dito nada condescendente — afirmei, surpreso.
— *"Vocês precisam, e eu não"* — me imitou Brad.
— Na verdade, fiquei muito magoado por você ter dito isso — disse Jack, o veterinário viciado em sexo. — Foi condescendente, PORRA. E também me magoa por você estar sentado aí, brincando o tempo todo com essa merda de celular, o que acho uma imensa distração. ESTOU MAGOADO POR VOCÊ FICAR OLHANDO O CELULAR!
— Posso dizer algo sobre o telefone...? — pedi.
— Não damos a mínima para seus motivos — me interrompeu Brad. — Vamos continuar magoados, você explicando ou não.
— Não é assim que conversas funcionam — disse eu.
— HAHAHAHA! — gritou Thelma.
— Jon, tem alguma mágoa que quer compartilhar sobre alguém nesta sala? — perguntou Melissa, esperançosa.
Parei.

— Não — respondi.

— SÓ QUERO QUE SAIBA QUE VOCÊ É UM ARTISTA DE MERDA E TUDO O QUE DIZ É UMA MERDA — gritou Brad.

— CERTO — gritei. — Fiquei magoado com VOCÊ... — Olhei para Jack com raiva — ... por dizer que sou condescendente. NÃO sou condescendente. Estava embasando minha opinião a respeito de seus problemas serem piores do que os meus SOMENTE pelas coisas que DISSE NESTA SALA. E fiquei magoado com VOCÊ... — Olhei para Thelma — ... por agir como pau-mandado de Brad, como um membro da gangue dele. Não há nada de que eu goste menos no mundo do que gente que se importa mais com uma ideologia do que com as pessoas. Você me afogou em uma onda da ideologia de Brad.

— VOCÊ ESTÁ INVENTANDO ISSO SOBRE MIM! — gritou Thelma. — É? Ele quer me dizer "ME DEIXEM EM PAZ, PORRA", mas tem medo de conflito! Então começa a bolar argumentos.

— Fiquei magoado por você gritar várias vezes *covarde* e *merda* para mim, porque...

— "Porque", não — disse Thelma. — Isso é interpretativo.

Eu a encarei, boquiaberto. Ela estava me TREINANDO? Na verdade — percebi — nenhum dos gritos tinha divergido do método terapêutico. Era Honestidade Radical. Funciona maravilhosamente bem para alguns dos clientes de Brad. Mas não estava fazendo maravilhas por mim. Eu começava a me sentir profundamente irritado.

— Ficou magoado por eu lhe dizer o que falar? — perguntou Thelma.

— Sim, cacete! — gritei. — Fiquei muito magoado com você, porra, por me dizer o que falar.

— Pobrezinho. Pedimos desculpas por termos ferido seus sentimentos frágeis. Tudo bem! — Brad bateu palmas.

— Almoço! Odeio interromper você, Jon, mas vou deixar que assimile tudo.

O grupo ficou de pé e começou a ir embora. Estavam parando para o almoço?

— Mas ainda estou muito magoado — reclamei.

— Que bom — disse Brad. — Espero que permaneça incompleto durante o almoço.

— Não vejo utilidade nenhuma nisso — murmurei, quando vesti o casaco.

No corredor do hotel, Mario, o traficante de maconha, sorriu, dizendo:

— Não acho que Brad tenha terminado com você ainda!

Entendi por que ele achava aquilo. Brad parecia ter acabado de quebrar a regra de ouro. Ele não obrigara todos a ficarem juntos enquanto minha raiva se desenvolvia. Nenhum amor tinha recebido a chance de crescer. Eu fora atirado nas ruas de Chicago durante o ápice da mágoa.

Passei a hora do almoço caminhando pela cidade. Depois disso, só tinha algumas horas antes de precisar pegar o voo de volta para Nova York, então expus a queixa para Brad:

— Você parou para o almoço bem no meio. Me deixou fervilhando de raiva.

Melissa se aproximou e tirou meu boné de beisebol da cabeça. Me encolhi.

— Eu poderia ter ficado suicidamente infeliz com isso — falei.

— Já estávamos dez minutos atrasados para o almoço, então tomei a decisão de deixar você cozinhando — informou Brad.

Depois disso, as coisas seguiram em frente. Jack, o veterinário viciado em sexo que me odiava por mexer no celular, ocupou o Assento Quente. Ele contou sobre a vez em que o pai atacou fisicamente a mãe na frente dele. Era uma história de partir o coração. Jack fechou os olhos bem apertados ao contá-la, então aproveitei a oportunidade para verificar rapidamente o Twitter. Logo depois disso, peguei o avião para casa.

Todos mantivemos contato por um tempo. Mary me mandou um e-mail contando como as coisas tinham ido com Amanda: "Tentei a abordagem da Honestidade Radical e ela foi super-resistente e defensiva, e basicamente fechada ao que eu queria expressar. Dava pra sentir as ondas de ódio saindo dela enquanto conversávamos. Desde então, ainda encontro com ela na academia, e a 'ignoro' de vez em quando. Outras vezes, tivemos conversas civilizadas e agradáveis (não tantas)."

Outro membro do grupo mandou um e-mail para todos nós para relatar que tentou Honestidade Radical com a esposa, mas ela respondeu tentando empurrá-lo fisicamente para longe. Então ele lhe disse que iria "'pegar o machado e me defender matando você'. Com razão, minha esposa ficou com medo, pois sabe que costumo confundir realidade e fantasia. Todos confundimos. Então a polícia veio. Estou com habilitação para um emprego participando de um processo seletivo de segurança, então qualquer PRISÃO vai resultar em nenhuma oferta (...) amo todos vocês, principalmente Thelma, que acho muitíssimo atraente, e com quem quero transar. Talvez eu até pudesse me referir a ela (você) como minha esposa".

Brad escreveu de volta, copiando a todos: "O que está dizendo é uma loucura completa. É melhor procurar um psiquiatra que possa prescrever um tranquilizante leve."

O fim de semana de Honestidade Radical não foi um sucesso para mim. Mas continuei acreditando que a versão de Max Mosley dela — "assim que a vítima se retira do jogo, recusando-se a se sentir humilhada, a coisa toda desaba" — tinha, de fato, sido a fórmula mágica dele, o motivo pelo qual superara a humilhação. E continuei acreditando nisso até que uma nova humilhação pública ocorreu, dessa vez em Kennebunk, no Maine, e me forçou a repensar a coisa toda. Ela me fez perceber que Max dera a volta por cima por um motivo totalmente diferente — um que eu não conseguira identificar.

9

UMA CIDADE EM POLVOROSA PELA PROSTITUIÇÃO E POR UMA LISTA DE CLIENTES

KENNEBUNK, Me. — Os veranistas que entopem as estradas por aqui já se foram há muito tempo, e as folhas se tornaram carmesim e laranja, mas o sentimento que prevalece ultimamente nesta bela cidade litorânea é de pesar.

Durante mais de um ano, a polícia investiga relatos de que a instrutora local de zumba [Alexis Wright] usava seu estúdio em uma rua antiga do centro da cidade para mais do que treinamento físico. Na verdade, de acordo com a polícia, ela gerenciava um bordel de uma só mulher, com até 150 clientes, e secretamente os filmava enquanto praticavam atos íntimos (...) A lista, de acordo com boatos, está cheia de nomes de pessoas proeminentes.

— Katharine Q. Seelye, *New York Times*, 16 de outubro de 2012.

O presidente George H. W. Bush tem um complexo à beira-mar, Walker's Point, a 6,5 quilômetros de Kennebunk, em Kennebunkport. Às vezes, carros de vidro escuro passam correndo pela cidade a caminho de lá, levando Vladimir Putin, Bill Clinton ou Nicholas Sarkozy, mas, além disso, não acontece muita coisa na cidade. Ou não acontecia.

> Quem pode estar na lista? Um membro da família Bush? Alguém do serviço secreto? O general Petraeus?
>
> — Bethany McLean, "Town of Whispers" [A cidade dos sussuros], *Vanity Fair*, 1º de fevereiro de 2013.

Um advogado de defesa, Stephen Schwartz, fez uma petição na Suprema Corte do Maine para que os nomes na lista permanecessem em segredo (ele representava dois dos homens não citados). Este ainda é um país puritano, observou Stephen: "Depois que fossem revelados, todos teriam a marca de uma letra escarlate." Mas o juiz decidiu contra, e o jornal de Kennebunk, o *York County Coast Star*, começou a publicar.

Havia 69 pessoas na lista, no total — 68 homens e uma mulher. Infelizmente, nenhum Bush estava entre eles, nem mesmo um membro da equipe de guarda-costas da família. Mas havia gente da alta sociedade de Kennebunk — um pastor da Igreja do Nazareno de South Portland, um advogado, um técnico de hóquei do ensino médio, um ex-prefeito da cidade, um professor aposentado e a esposa dele.

Esse foi um evento especial no mundo da humilhação pública. Cenários de desgraça em massa como esse jamais acontecem. Considerando que meu trabalho se tornou tentar combinar traços de personalidade com a capacidade de sobreviver à humilhação pública, para mim era como um sonho que se tornava realidade. Quando se consegue uma amostra daquele tamanho? Certamente, entre as pessoas na lista, haveria aquelas tão ansiosas para agradar que permitiriam que as opiniões negativas de estranhos a seu respeito se misturasse com as próprias, criando um amálgama corrosivo. Haveria aquelas tão desesperadas para não perder o status que seria preciso arrancá-lo de suas mãos. Haveria pessoas sérias, como Jonah, e as sarcásticas, como Justine. E haveria os Max Mosleys. Kennebunk era como um laboratório pronto para mim. Quem cairia na ira da multidão, quem receberia a misericórdia? Quem seria destruído? Quem emergiria ileso? Fui até lá.

Dentro da Sala Um do Tribunal do distrito de Biddeford, seis dos homens da lista de Zumba estavam sentados nos bancos, encarando o nada, deprimidos, com equipes jornalísticas apontando as câmeras para eles. Nós da imprensa tivemos permissão de encará-los, e os homens não conseguiam desviar o rosto. Aquilo me lembrou de como Nathaniel Hawthorne descreveu o pelourinho em *A letra escarlate*: "um instrumento de disciplina feito de forma a confinar a cabeça humana em seu forte aperto, e então exibi-la para o olhar público. O próprio ideal da ignomínia estava corporificado e era manifestado naquela prisão de madeira e ferro. Não há ultraje, creio eu (...) mais atroz do que proibir o culpado de esconder o rosto devido à vergonha."

Todos se mantinham em silêncio e um pouco desconfortáveis, como se estivéssemos num estranho limbo pré-

-consensual. A história era nova. Não houvera tempo para que a sociedade de Kennebunk começasse a repudiar aqueles homens. Por mais que a exclusão pudesse se manifestar de forma cruel ou súbita, nada havia acontecido ainda. Eu chegara bem no início de tudo.

O juiz entrou, e então começou. Os procedimentos do tribunal não eram nada de mais. Os homens, um de cada vez, receberam ordens para ficar de pé e se declararem culpados ou inocentes. Cada um deles se declarou culpado. Multas foram aplicadas — trezentos dólares para cada visita a Alexis Wright. A multa máxima do dia foi de novecentos dólares. E acabou. Eles tiveram permissão de sair. E saíram, às pressas. Segui o último. Todos os demais desapareceram, exceto ele. Eu me apresentei ao homem.

— Você pode me entrevistar — disse ele —, mas quero algo em troca.

— Tudo bem.

— Dinheiro. Não estou falando de muito. Apenas o bastante para comprar um presente no Walmart para o meu filho. Só um vale do Walmart. Aí eu conto todos os detalhes. Conto TUDO. O que eu e Alexis fizemos.

Ele era um homem gordo. E me deu um olhar sedutor falso, desesperado e triste, como se estivesse me oferecendo o melhor dos romances eróticos.

— Conto tudo — insistiu ele.

Eu disse que não poderia pagar a nenhum entrevistado para falar sobre seu crime, então o homem deu de ombros e foi embora. Voltei a Nova York, e no dia seguinte escrevi para todos os 68 homens e a única mulher na lista, requisitando entrevistas. Então esperei.

Alguns dias depois, um e-mail chegou.

Tudo bem, podemos conversar. Sou o ex-pastor da Igreja do Nazareno, e infelizmente me envolvi nessa confusão toda.

Atenciosamente,
James (Andrew) Ferreira

•

— Oi, Jon. — A voz de Andrew Ferreira era gentil e cansada, e parecia perdida; um antigo líder proeminente da comunidade tentando se adaptar a um mundo que poderia não ter mais interesse em sua liderança.

Aquela era a primeira vez que ele concordava em falar com um jornalista. Disse que os últimos dias tinham sido difíceis. A esposa o deixara, e ele fora demitido. Tudo isso foi inevitável, contou Andrew, mas do resto não fazia ideia de como seria. Até que ponto a comunidade o excluiria e como lidaria com aquilo: ele não sabia.

Perguntei por que ele visitou Alexis Wright.

— Talvez meu casamento não fosse maravilhoso — respondeu Andrew. — Não era horrível. Só estava meio que se desfazendo. Só morávamos juntos, de certa forma. Enfim. Eu estava lendo uma matéria no *Boston Globe* sobre o assassino do Craigslist. Você se lembra dessa matéria? Ele matou uma prostituta de 20 e poucos anos. E o *Boston Globe* dizia que a maioria dos anúncios de acompanhantes migrara do Craigslist para o backpage.com. Se alguém quiser uma acompanhante, uma massagem com final feliz ou algo assim: backpage.com. E eu me lembrei disso. Desejaria não ter lembrado. Infelizmente, algumas coisas ficam na mente. Eu fiquei pensando naquilo.

Andrew me disse que visitou Alexis três vezes. Na última ocasião, "rimos juntos. Nós dois apenas gargalhamos até cair. Isso não fazia parte do motivo pelo qual eu estava lá. E ela se tornou humana para mim. Não era mais um objeto. E essa foi a morte da fantasia. Fiquei desesperado para sair de lá. Não costumo ter as emoções à flor da pele. Mas chorei horrores no carro".

E essa foi sua última visita a Alexis Wright.

— Como têm sido os últimos dias? — perguntei.

— Não me isolei em casa — afirmou Andrew. — Entrei em um grupo de apoio. Há muita gente lá, e sou totalmente anônimo. Apareço, jogamos jogos de tabuleiro, como Risk, Apples to Apples, Pandemic. Além disso, tenho escrito um diário. O que faço com toda essa informação? Se esperar um pouco, seis meses, um ano, posso tentar publicá-lo? Isso é algo que seria aceito?

— Como um livro de memórias?

— Eu poderia usar isso para passar para outro ministério? E que argumento uso? Eu poderia me embasar na fé e avisar aos homens para não fazerem isso. Ou poderia pegar uma perspectiva totalmente diferente e, bem, não quero me tornar um porta-voz da legalização da prostituição. Então, preciso mesmo pensar no que tudo isso significa... — Andrew fez uma pausa. — O que faço? — repetiu. — Ainda não sei. Infelizmente, tenho 49 anos e transformei grande parte da minha vida em uma fábula...

— Já conheceu algum dos outros homens ou a mulher da lista?

— Não — respondeu ele. — Somos todos membros de um clube ao qual não sabíamos que pertencíamos. Não há motivo ou oportunidades reais para nenhum contato ou solidariedade.

— Então, basicamente, você está esperando que alguma coisa aconteça — concluí.
— É. Isso é o pior. A expectativa. É horrível.

Andrew prometeu me avisar assim que a humilhação dele começasse — na internet, na cidade, em qualquer lugar. Ao primeiro indício, assegurou ele, me ligaria. Nós nos despedimos. E foi a última vez que soube dele durante vários meses.

Então liguei de novo. Andrew pareceu feliz em receber minha ligação.

— Não tive notícias suas — falei. — O que houve?
— Caiu no esquecimento — disse ele.
— Não houve humilhação alguma?
— Nenhuma — afirmou Andrew. — Minha imaginação tinha sido bem pior do que o que aconteceu de verdade.
— Justine Sacco foi aniquilada. E Jonah Lehrer também, é claro. Mas Justine Sacco! E ela não fez nada de errado! E você não sofreu *nada*?
— Não tenho uma resposta para isso, Jon. Não entendo. Na verdade, meu relacionamento com minhas três filhas nunca foi tão bom. Minha caçula disse: "É como conhecer você de novo."
— Sua transgressão fez com que elas o vissem como um ser humano?
— Sim.
— Hã... A transgressão de Justine e Jonah fez com que as pessoas os vissem como o oposto de seres humanos.

O casamento de Andrew tinha acabado, acrescentou ele, assim como o emprego como pastor na igreja local. Aquilo não tinha conserto. Mas, no geral, ele só recebera gentileza e perdão. Na verdade, não se tratava de gentileza e perdão. Era algo muito melhor do que isso. Era o nada. Ele não recebeu nada.

Andrew me contou uma história. Quando o parceiro de negócios de Alex Wright, Mark Strong, estava sendo julgado por financiar o bordel, Andrew foi chamado para o tribunal. Havia uma chance de ele ser chamado como testemunha, então foi isolado em uma sala particular nos fundos. Depois de um tempo, outros seis homens entraram na sala. Todos acenaram com a cabeça uns para os outros, mas se sentaram, em silêncio. Então algumas conversas hesitantes se seguiram e eles confirmaram suas suspeitas: eram os clientes de Alexis Wright. Eram todos homens da lista. Aquela era a primeira vez que se encontravam; então, apressadamente, bastante ansiosos, trocaram palavras. Não sobre as visitas a Alexis — todos se esquivavam disso, desconfortáveis —, mas sobre o que acontecera depois, após terem sido expostos.

— Um homem dizia: "Custou-me um carro novo para minha mulher" — contou Andrew. — Outro falou: "Para mim, custou um cruzeiro para as Bahamas e uma cozinha nova." Todos riram.

— Nenhum deles se tornou vítima de qualquer humilhação?

— Não, Jon. Eles também se livraram.

Mas havia uma exceção, disse Andrew. A conversa entre eles se voltou para a única mulher que tinha visitado Alexis.

— Todos estavam rindo dela — contou o pastor. — Aí, de repente, um homem mais velho, que estava bem mais

quieto do que os demais, disse: "Ela é a minha esposa."
Ah, Jon, dava para sentir a energia mudar. Tudo mudou na hora.

— Que tipo de piadas faziam sobre a mulher?

— Não lembro exatamente, mas eram mais debochadas. Ela era vista de forma diferente do que os homens e, sim, sua situação era considerada mais vergonhosa.

Na verdade, os pecados de Max e Andrew no período puritano teriam sido julgados mais graves do que o de Jonah. O escritor, "culpado de mentir ou publicar falsas notícias", teria recebido uma multa, sido colocado no tronco por "um período não maior do que quatro horas, ou publicamente açoitado com não mais do que quarenta chibatadas", de acordo com a lei de Delaware. Ao passo que Max e Andrew, por terem "desonrado o leito do matrimônio", teriam sido açoitados publicamente (sem número máximo de chibatadas especificado), aprisionados sob regime de trabalhos forçados por pelo menos um ano, e, se praticassem a ofensa uma segunda vez, seriam condenados a prisão perpétua.

No entanto, os motivos para se humilhar alguém deixaram de ser escândalos sexuais — se você é homem — e se concentraram em impropérios e no que era entendido como privilégios racial, e eu de repente entendi o real motivo por Max ter sobrevivido à sua humilhação. Ninguém se importava. Max deu a volta por cima porque era um homem em um escândalo sexual consensual — o que significava que não houve vergonha.

Mandei um e-mail para Max para lhe contar isso. "Ninguém se importou!", escrevi. "De todos os escândalos públicos para se envolver, ser um homem em um escândalo sexual consensual é provavelmente a melhor opção."

Max não foi alvo de ninguém — não de liberais como eu, não dos misóginos na internet que destroem mulheres que ultrapassam os limites. Ele não sofreu nada.

Uma hora se passou. Então Max respondeu por e-mail: "Oi, Ron. Acho que acertou em cheio."

•

Não que ninguém se importasse. A esposa de Max se importava. E outra pessoa também: Paul Dacre, editor do *Daily Mail*. Em um discurso de 2008 para a Sociedade dos Editores, Paul Dacre chamou a orgia de Max de "pervertida, depravada, a própria revogação do comportamento civilizado". Foi um discurso ressentido, lamentando a morte da vergonha. Dacre retratou o juiz Eady — que determinou a favor de Max no caso de privacidade contra o *News of the World* — como a encarnação da morte da vergonha:

> O juiz decidiu a favor de Max Mosley porque ele não tinha participado de uma "orgia nazista doentia", conforme alegava o *News of the World*, embora isso pareça, para mim, uma lógica quase surrealmente pedante, pois alguns dos participantes usavam uniforme de estilo militar. Mosley estava proferindo comentários em alemão enquanto uma prostituta fingia catar piolho dos seus cabelos, uma segunda fazia sexo oral nele e uma terceira golpeava o traseiro de Mosley com uma bengala até tirar sangue. Para o juiz Eady, tal comportamento era meramente "não convencional".

O mais preocupante a respeito das decisões do juiz Eady é que ele está determinando que — quando se trata de moralidade — a lei na Grã-Bretanha é agora efetivamente neutra; por isso o acuso, em seus julgamentos, de ser "amoral".

— Paul Dacre, discurso para a Sociedade de Editores, 9 de novembro de 2008.

Desde que comecei a contar às pessoas que estava escrevendo um livro sobre humilhação, muitos homens do "universo Paul Dacre" — mais velhos, no topo da sociedade britânica — me parabenizam, presunçosamente, por falar a verdade sobre como os jovens não sentem mais vergonha. Conheci um arquiteto famoso em uma festa que disse exatamente isso. E um apresentador religioso se queixou comigo sobre como a perda da moralidade religiosa criou uma sociedade sem-vergonha. Consigo entender por que alguém poderia acreditar nisso, considerando que estamos vivendo em uma época na qual um pastor da Igreja do Nazareno pode visitar uma prostituta sem que ninguém se importe. Acho que Andrew e Max devem agradecer a mulheres como Princess Donna pela sua não desgraça. Donna trabalhou com afinco por anos para desmistificar o sexo diferente, e é por isso que homens como eles podem emergir ilesos dos escândalos. Contudo, a vergonha não morreu. A vergonha apenas mudou de lugar, reunindo uma força tremenda no caminho.

O fato era que discursos como os de Paul Dacre já não tinham mais importância. As pessoas que importavam não ligavam para o que ele pensava. As pessoas que importavam eram aquelas no Twitter. No Twitter, tomamos as próprias decisões sobre quem merece ser destruído. Formamos o próprio consenso, e não somos influenciados pelo sistema de justiça criminal ou pela mídia. Isso nos torna assustadores.

Minha jornada para encontrar um paraíso livre de humilhação — algum lugar em que possamos estar a salvo de gente como nós — foi um fracasso. A Honestidade Radical pareceu, para mim, apenas indivíduos gritando uns com os outros. Nem Max, nem Andrew tinham segredos úteis para compartilhar sobre reunir forças para sobreviver à agonia de uma humilhação. Para eles, não houve humilhação a que sobreviver. Na verdade, o único lugar em que minha jornada testemunhou qualquer forma de iluminismo pós-vergonha foi a filmagem para o Public Disgrace, no bar esportivo em San Fernando Valley. Pensei naquela noite com admiração. Foi o único lugar no qual estive desde que comecei a escrever este livro que pareceu relaxante.

Então, reli a transcrição de uma conversa que tive com Donna naquela noite e notei algo em que não tinha reparado antes.

Donna: Eu voltava para casa de Sacramento. Estava no aeroporto. E li algo sobre mim no TMZ.

O TMZ é um site de fofocas de celebridades. Donna me contou que, quando leu a matéria deles, de repente viu como o mundo exterior o via. Aquilo fez com que ela se sentisse profundamente humilhada e chateada.

Donna: Eu estava em uma bolha em São Francisco, cercada por outras pessoas positivas em relação ao sexo, que têm conhecimento do trabalho com sexo, da indústria do sexo, então jamais me senti julgada. Mas então, subitamente, havia essas pessoas me olhando de fora e falando de mim como se eu fosse alguma pornógrafa idiota. Foi bem difícil. Eu chorei no aeroporto. E também na viagem de volta...

Agora, eu procurava o artigo no TMZ. O que fora tão devastador? O quanto eles tinham sido cruéis em relação a Donna?

James Franco está trabalhando em um projeto ultrassecreto com uma eminente diretora de filmes pornográficos, descobriu o TMZ (...) e, pelo visto, ela tem uma bela reputação por ser habilidosa com o punho. A mulher na foto é Princess Donna Dolore, que fez uma participação no filme de Franco que será lançado em breve, *Kink*. Apesar disso, Franco só se encontrou pessoalmente com PDD pela primeira vez na semana passada (...) e fontes dizem que ele já garantiu que a diretora participará de um projeto futuro no qual está trabalhando. Durante o encontro, PDD deu a Franco uma camisa oficial Princess Donna Dolore, com o punho nas costas, que é marca registrada da diretora. James recebeu (...) a camiseta (...) e a exibiu com orgulho. Procuramos Franco para um comentário — mas até agora não tivemos resposta.

— Equipe do TMZ, 26 de dezembro de 2012.

Anos atrás, eu poderia ter achado loucura Donna ficar tão chateada com um artigo tão fútil. Mas agora eu entendia. Acho que todos nos importamos muito com coisas que parecem ser totalmente sem sentido para outras pessoas. Todos levamos conosco os destroços de humilhações sentidas e que, na verdade, não significam nada. Somos um aglomerado de vulnerabilidades, e quem sabe o que vai despertá-las? Então, senti empatia por Donna. Parecia triste — considerando que Max e Andrew lhe deviam tanto — que tenha se sentido humilhada assim que foi exposta à opinião dos outros sobre si mesma, como se a vergonha tivesse aberto caminho até ela, e não houvesse escapatória.

Tenho certeza de que há psicopatas por aí — pessoas neurologicamente incapazes de sentir vergonha, como se estivessem cobertas por camadas de lã —, mas eu não tinha conhecido ninguém assim na minha jornada. No entanto, desde que começara a escrever este livro, um nome ficava aparecendo em minha mente como o de alguém que tinha sobrevivido a uma humilhação pública com tamanha falta de esforço que fazia com que todo o conceito de humilhação pública não parecesse algo muito grave. E agora, depois de alguns e-mails relutantes — "espero que entenda, sou cauteloso" —, ele concordara em se encontrar comigo para um almoço. Seu nome era Mike Daisey.

10

O QUASE AFOGAMENTO DE MIKE DAISEY

— Parece que querem um pedido de desculpas, mas é uma mentira. — Mike Daisey e eu estávamos sentados em um restaurante no Brooklyn. Ele era um homem grande, e secava o suor do rosto com um lenço que estava sempre ao alcance. — É uma mentira porque não querem um pedido de desculpas. Um pedido de desculpas deve ser uma comunhão, uma reunião. Para que alguém se desculpe, é preciso que outra pessoa escute. Ela ouve, você fala e há uma troca. É por isso que é preciso aceitar as desculpas. Há uma troca de poder. Mas eles não querem desculpas. — Mike me encarou. — O que querem é a minha destruição. O que querem é que eu morra. Jamais dirão isso porque é muito dramático. Mas o que querem é nunca mais ouvir falar de mim pelo resto de minha vida, e enquanto não souberem de mim, têm o direito de me usar como um ponto de referência cultural sempre que eu servir aos seus propósitos. Assim funcionaria melhor para *eles*. Gostariam que eu jamais tornasse a falar.

Nunca fui objeto do ódio de ninguém. A parte difícil não é o ódio. É o objeto.

A transgressão de Mike Daisey — notavelmente parecida com a de Jonah — fora descoberta três meses antes de Michael Moynihan se deitar no sofá naquele 4 de julho e se perguntar quando Bob Dylan chamara o processo criativo de "apenas a sensação de que você tem algo a dizer". Como Jonah e Stephen Glass, ele fora pego mentindo em uma matéria. A de Mike era sobre uma viagem que acabara de fazer a Shenzen, na China, durante a qual se encontrara com funcionários de uma fábrica que produzia artigos da Apple. Mas algumas das reuniões jamais aconteceram. A humilhação dele talvez tenha sido ainda mais dolorosa do que a de Jonah, porque cada suspiro dela — cada silêncio longo e assustador — foi capturado em áudio e transmitido em um dos programas de rádio mais populares dos Estados Unidos, *This American Life*. Mike Daisey sempre foi um fanfarrão. Era um homem grande, barulhento e espalhafatoso do mundo teatral de Nova York. E, durante grande parte da transmissão, ele parecia achar que conseguiria se livrar daquilo com arrogância. Mike tinha esperança. Ele deu justificativas e fez pequenas observações levianas. Porém, conforme o tempo passou, tudo desabou, e, no fim, quando ele enfim disse "Desculpe", parecia acabado — exausto, vazio. Foi um "desculpe" tão agoniado que achei que havia a chance de Mike deixar o estúdio da rádio, ir para casa e se suicidar. Mas, em vez disso, em minutos, ele publicou uma declaração de desculpas em seu site e, no dia seguinte, voltou ao Twitter. Mike era um homem brigando com dez mil pessoas que gritavam com ele. Ele respondia, repreendia e chamava os agressores de hipócritas. A princípio, tudo isso os deixou ainda mais inflamados. Mas Mike não cedeu. Ele era um incansável defensor de si mesmo. Por fim, ficou claro para os críticos que a fúria deles era inútil. Eles se dissiparam, até que tudo simplesmente parou. E agora, enquanto Jonah Lehrer perambulava por Los Angeles destruído e em desgraça, Mike Daisey postava fotos dele no Instagram com a esposa tomando sol à piscina, em Miami, após o término de uma turnê teatral aclamada pela crítica e com ingressos esgotados. Como humilhações quase idênticas puderam aniquilar um homem e deixar o outro sem um arranhão?

No restaurante, Mike não respondeu a essas perguntas imediatamente. Ele começou assim:
— Quando eu era jovem, com 21, 22 anos, minha vida mudou de um jeito bem catastrófico.
Ele encarava a mesa. Mas então ergueu o olhar.
— Minha namorada de repente começou a me evitar — continuou Mike. — Eu dizia "Vamos nos encontrar", mas ela sempre adiava. Então, por fim, recebi uma ligação. Ela estava grávida. Grávida de oito meses. Eu seria pai. Em um mês.
Isso foi no norte do Maine, contou Mike. Ele se sentiu preso. No Maine. O bebê nasceu. O relacionamento deles não sobreviveu à pressão.
— Abdiquei de minhas responsabilidades como pai. Estava totalmente arrasado.
Toda noite, Mike ia nadar em um lago. Em algumas ocasiões, ia o mais longe que conseguia.

— Eu seguia em frente. Ia ficando mais e mais frio. E eu apenas ficava boiando no lago. E estava tentando, isso está bem claro agora, eu estava tentando me afogar.

— Estava tentando se matar?

Mike assentiu.

— Isso está bem claro para mim agora. — Ele fez uma pausa. — Desde então, nunca me senti tão preso a este lugar quanto as outras pessoas. Tudo parece uma longa e improvável vida após a morte. — Mike sorriu. — Digo isso porque pode ser útil para você.

Continuamos comendo. A história simplesmente pairou ali. Acho que Mike estava me tratando como um público, me alimentando com fragmentos de histórias, me forçando a entender o mistério por conta própria.

Ele nadava de volta para a margem todas as noites. Acabou lecionando teatro no ensino médio. Mike se formou um ano depois do que devia. Então deixou o Maine.

— Fui de carro até Seattle — contou. — Tentei criar uma nova vida para mim.

E ele criou. Mike se tornou, surpreendentemente, um monologuista teatral. As peças eram apaixonadas e agradavam, mas obscuras demais para saírem do meio alternativo. Eram sobre coisas pessoais, como o fato de a guerra ter tornado o avô de Mike um homem frio, e como isso perdurara e tornara o pai dele frio. E assim por diante. Mas então, no verão de 2010, Mike atuou em sua obra-prima: *Agonia e êxtase de Steve Jobs*, a história de sua viagem à China.

Os trabalhadores da fábrica que Mike encontrou contaram-lhe sobre o n-hexano: "N-hexano é um produto de limpeza para a tela do iPhone", dizia o monólogo. "É ótimo porque evapora um pouco mais rápido do que o álcool, o que significa que é possível ter uma linha de produção ainda mais rápida, para tentar manter as cotas. O problema é que o n-hexano é uma neurotoxina poderosa, e todas aquelas pessoas foram expostas. Suas mãos tremem incontrolavelmente. A maioria delas (...) nem consegue pegar um copo." O monólogo de Mike prosseguia e descrevia as reuniões dele com meninas de 13 anos que trabalhavam nas fábricas porque ninguém verificava as idades, e o senhor com a mão direita "retorcida para cima como uma garra. Foi esmagada por uma prensa de metal na Foxconn". Mike mostrou a esse senhor o iPad dele. "Ele jamais vira um de fato, essa coisa que levou sua mão. Eu liguei (...) os ícones surgem na tela. E o homem acaricia a tela com a mão destruída. E ele diz algo (...) Ele diz: 'Parece mágica.'"

Certa noite, no fim de 2011, o criador de *This American Life*, Ira Glass, viu Mike Daisey assistiu à peça de no palco do Joe's Pub, em Nova York. Como todos, ficou encantado, então ofereceu a Mike a chance de apresentar o monólogo no programa. Eles tentaram verificar os fatos. Pediram a Mike que os colocasse em contato com a tradutora dele. Mas Mike disse que o número de telefone que tinha dela não funcionava mais. Alguns dos outros fatos tinham sido verificados com sucesso, então a produção acreditou nele.

Eu ouvi a transmissão ao vivo. Estava na Flórida diregindo. Parei o carro no acostamento e não me mexi até acabar. Pessoas pelo país inteiro faziam o mesmo. Nós nos sentimos permanentemente alterados pelo poder da narrativa de Mike, e ficamos determinados a tomar uma atitude. A maioria de nós, não é preciso dizer, voltara ao seu estado normal até a hora do jantar daquele mesmo dia.

Mas alguns, não. Um ouvinte deu início a uma petição por melhores condições de trabalho nas fábricas da Apple. Ele conseguiu 250 mil assinaturas. A companhia sofreu pressão como nunca antes. Ela anunciou que, pela primeira vez na história, permitiria que terceiros auditassem as condições da fábrica. O episódio Mike Daisey se tornou o podcast mais popular na história do *This American Life*. Mas, sem o conhecimento dele, sua própria versão de um Michael Moynihan estava pesquisando silenciosamente.

Ele se chamava Rob Schmitz, o correspondente em Xangai para o programa de rádio pública *Marketplace*. Alguns dos fatos apresentados por Mike pareceram suspeitos para Rob. Por exemplo, ele mencionara entrevistar funcionários de fábricas em um Starbucks. Como podiam pagar por aquilo? O Starbucks é ainda mais caro na China do que no Ocidente. Então, procurou a tradutora de Mike. E foi quando a história se desintegrou. Não havia trabalhadores com mãos que tremiam incontrolavelmente, nenhum senhor com a mão retorcida como garra. Ele não visitara "dez" fábricas na China. Visitara três. E assim por diante. Não que os horrores descritos por Mike não tivessem acontecido — tinham, sim: 137 trabalhadores em uma fábrica da Apple adoeceram devido ao n-hexano, mas isso aconteceu em 2010, e a milhares de quilômetros, em uma cidade chamada Suzhou. (No relatório anual da Apple de fevereiro de 2011, a companhia descreveu o uso do químico tóxico como uma "violação central" da segurança do trabalhador, e afirmou ter ordenado que o empregador parasse de usar o n-hexano.) Mike não se encontrara com esses trabalhadores de

Suzhou. Ele só lera a respeito deles. Mas a história ficaria mais atraente se fingisse ter estado lá.
Dessa forma, em 16 de março de 2012, Ira Glass levou Mike Daisey de volta ao ar:

> IRA GLASS: Você estava com medo de que descobríssemos algo se falássemos com [a tradutora]?
> MIKE DAISEY: Não, na verdade não.
> IRA: É mesmo? Não havia nenhuma parte de você que sentia, tipo, tudo bem, a coisa do hexano não aconteceu quando eu estava lá e (...) você sentiu como se houvesse algo que descobriríamos caso falássemos com ela?
> MIKE: Bem, eu achei que desvendaria as complexidades de, de tipo, como a história é contada.
> IRA: O que isso quer dizer, desvendar as complexidades?
> MIKE: Bem, quer dizer, quer dizer que, sabe, somente que, tipo, a coisa com o hexano. Quero dizer, acho que estou concordando com você.
>
> [...]
>
> MIKE: Acredito que, quando me apresento em um contexto teatral, (...) temos linguagens diferentes para o que significa a verdade.
> IRA: Entendo que você acredita nisso, mas acho que está se enganando. Pessoas normais que vão assistir a uma pessoa falar... as pessoas tomam aquilo como uma verdade literal. Achei que a história fosse literalmente verdade quando a vi no teatro. Brian, que viu outros de seus espetáculos, achou que todos eles fossem verdade.

Mike: Temos visões de mundo diferentes sobre algumas dessas coisas.
Ira: Eu sei. Mas sinto que tenho a visão de mundo normal. A visão de mundo normal é que, se alguém sobe no palco e diz "isso aconteceu comigo", acredito que aconteceu com ele, a não ser que esteja claramente marcado como "isso é uma obra de ficção".

[...]

Ira: Tenho uma mistura de sentimentos tão esquisita em relação a isso. Porque, ao mesmo tempo que me sinto péssimo por você, também sinto como se eu tivesse mentido. E além disso, me arrisquei por você. Sinto como se tivesse garantido sua legitimidade para nosso público com base em sua palavra.
Mike: Desculpe.

O tom de voz com o qual Mike disse "Desculpe" parecia o de uma criança — uma criança superdotada, difícil, rebelde, que acreditava que era muito superior à escola — obrigada a ficar diante de todos e ser castigada até mudar. Naquela única palavra, Mike pareceu mudar de desafiador para arrasado.

Mas então ele estava de volta à internet, a autoestima aparentemente toda renovada.

Mike se sentia orgulhoso por ter se recuperado da forma como fez.

— Ando obcecado por investigar escândalos literários — disse ele. — Ninguém jamais se recupera dessas coisas.

Na escala e com a intensidade do que vivenciei? Ninguém sai intacto.

— Eu sei! — concordei. — Você sabia desde o início que sobreviveria?

— Ah, não, ah, não. Pensei em me matar. Olhei para ele.

— Sério, Mike?.

— Tudo estava em risco, Jon. Eu vivia falando em me matar. E em jamais me apresentar de novo, em apenas deixar o teatro e jamais me apresentar de novo. Eu e minha esposa falamos sobre nos divorciar. Muito abertamente.

— Como ela reagiu a tudo isso?

— Ela se certificava de que eu não ficasse sozinho — respondeu Mike.

— Quando tudo isso aconteceu?

— A pior parte do escândalo foi antes de alguém saber sobre o escândalo — disse ele. — Levou uma semana entre minha entrevista com Ira e a transmissão do programa. Durante essa semana, comecei a me distrair no palco. Eu estava arrasado. Congelava enquanto apresentava o espetáculo. Sentia a mente divagando. Essa foi a pior parte. Foi uma merda, o medo e a sensação de que você vai se dissolver.

— Do que você teve mais medo?

— Eu morria de medo de não conseguir mais contar a narrativa da minha vida — disse Mike —, de que, sempre que me apresentasse no palco, esse julgamento a meu respeito ecoasse, decidindo quem e o que eu era.

— Então, o que mudou?

Mike demorou um pouco para responder.

— Quando Ira me perguntou pela primeira vez se eu queria contar a história no programa dele, pensei: "Isso é um teste. Se acredito mesmo nisso, então a atitude covarde a se tomar é não participar da matéria. Se eu enterrá-la, nada vai mudar." — Ele fez uma pausa. — Eu sabia que a matéria explodiria no consciente, e então explodiria para mim.

Franzi a testa.

— Está dizendo que sabia desde o começo que seria exposto?

Mike assentiu.

— O que houve naquele lago me mostrou que existe uma porta, Jon. E a porta está entreaberta. E dá para sentir. É possível simplesmente morrer. Entende? Depois que você aceita, isso traz clareza. Você quer fazer parte de algo importante no mundo? Esteja disposto a jogar sua vida fora. Eu estava tipo: "Tudo bem. Vou jogar minha vida fora. Tudo bem."

— E quanto ao risco de que o escândalo, em vez de lançar luz sobre o que estava acontecendo na China, apagasse a luz?

— Eu ficaria muito preocupado com isso — respondeu Mike. Então ele corrigiu a formulação: — Eu me preocupei muito com isso. Estava muito preocupado.

Ele percebeu que eu o encarava com hesitação.

— Veja bem, ninguém quer ouvir que sou, na verdade, um herói das cruzadas, e que me sacrifiquei — disse Mike.

— Ninguém quer ouvir essa história. Mas essa é, de fato, a verdade. Eu sabia que a peça seria analisada mais a fundo se virasse um sucesso. Eu sabia que iria falhar.

Eu tinha certeza de que estava observando um homem no processo de compor uma história fictícia para si mesmo. Nessa nova versão dos eventos, Mike tinha corajosamente destruído sua reputação para salvar vidas na China, como um homem-bomba. Mas, ao mesmo tempo, senti que não deveria contar que havia entendido isso a respeito dele. Parecia ser o que mantinha sua compostura. No entanto, creio que Mike enxergou tudo isso em meu semblante, porque, de repente, falou:

— O modo como construímos a consciência é contando a história de nós mesmos para nós mesmos, a história de quem acreditamos que somos. Sinto que uma vergonha ou humilhação realmente pública sejam um conflito entre a pessoa tentando escrever a própria história e a sociedade tentando escrever uma versão diferente para essa pessoa. Uma história tenta se sobrepor à outra. E para sobreviver, é preciso ser o dono da própria história. Ou... — Mike me encarou — ... você escreve uma terceira história. Reage à narrativa que foi forçada contra você. — Ele fez uma pausa. — Você precisa encontrar uma forma de renegar a outra narrativa. Se acreditar nela, isso vai acabar com você.

Eu estava feliz por Mike Daisey ter encontrado um modo de viver a vida. Mas não acho que o método de sobrevivência dele fosse um conselho útil para Jonah ou Justine. Eles não tinham uma carreira como contadores de histórias sobre a qual se apoiar. Não havia uma terceira narrativa para eles. Apenas uma. Jonah era o escritor de ciência pop mentiroso. Justine, a mulher do tuíte da aids. Eram pessoas marcadas, e não seria preciso um investigador para descobrir isso. As falhas dos dois estavam bem ali, na primeira página do Google.

Justine cumpriu a promessa. Cinco meses depois de nosso primeiro encontro, almoçamos no Lower East Side em Nova York. Ela me contou o que lhe acontecera:

— Recebi uma oferta de emprego logo em seguida.

Mas a proposta era esquisita: do dono de uma empresa de iates na Flórida.

— Ele disse: "Vi o que aconteceu com você. Estou totalmente do seu lado."

Porém, Justine não sabia nada sobre iates. Então, por que ele queria contratá-la?

— Será que era um maluco que acha que gente branca não pode pegar aids?

Justine recusou, e então deixou Nova York.

— Em Nova York, sua carreira é sua identidade. Tive isso arrancado de mim.

Ela foi para o mais longe que conseguiu: Addis Abeba, na Etiópia. Aceitou um trabalho voluntário com uma ONG que trabalha para reduzir as taxas de mortalidade maternas.

— Achei que, se era para eu estar naquela porcaria de situação, deveria ganhar alguma coisa com ela; pelo menos tentar tirar o melhor proveito, ajudar pessoas e aprender. — Justine pegou um avião para lá sozinha. — Eu sabia onde ficaria, mas não havia endereços. Eles não têm nomes de rua, na verdade. O inglês não é sua língua nacional.

— Gostou da Etiópia? — perguntei.

— Foi incrível — respondeu ela.

E era ali que a história de Justine poderia ter terminado. Se você é uma das centenas de milhares de pessoas que a atacou, pode querer fazer desta sua imagem final de Justine. Pode querer imaginá-la em uma maternidade improvisada em Addis Abeba. Talvez ela esteja debruçada sobre uma mulher em trabalho de parto e faça uma ou outra coisa extraordinária para salvar a vida da parturiente. Talvez ela olhe para cima, então, e limpe o suor do deserto da testa, e tenha uma expressão completamente diferente no rosto — uma de sabedoria resistente e orgulhosa, ou algo assim. E tudo por sua culpa. Justine jamais teria ido até Addis Abeba se não tivesse sido publicamente humilhada e demitida da IAC.

Mas a quem Justine estava enganando? Addis Abeba foi incrível por um mês, mas ela não era etíope. Era nova-iorquina. Além de corajosa, ousada e um pouco descontraída. Então, Justine voltou. Para uma cidade na qual as coisas ainda não estavam muito boas para ela. Justine conseguiu um trabalho temporário como relações-públicas para o lançamento de um site de relacionamentos, mas não estava de volta ao normal. Ainda tinha sido demitida do emprego dos sonhos. Ainda era ridicularizada e demonizada pela internet.

— Não estou bem — disse ela. — E sofri de verdade.

Justine brincou com a comida no prato. Quando eu pensava nela, imaginava uma loja saqueada durante um tumulto. Justine podia ter deixado a porta entreaberta, mas foi completamente devastada.

Mas reparei numa mudança positiva. Na primeira vez em que nos encontramos, ela pareceu envergonhada — arrasada pela culpa por ter "desonrado" a família ao apertar "Enviar" para aquele tuíte idiota. Acho que ainda se sentia envergonhada, mas talvez não tanto. Em vez disso, falou Justine, ela se sentia humilhada.

Na semana em que almocei com Justine, uma decisão judicial inesperada foi divulgada na Europa — a decisão do "Direito de ser esquecido". Se um artigo ou um blog sobre alguém fosse "inadequado, irrelevante ou não mais relevante" — o que quer que essas palavras vagas significassem — o Google deveria, caso solicitado, desindexar a página dos sites europeus (embora não do Google.com). Dezenas de milhares de pessoas fizeram a solicitação para serem esquecidas imediatamente — haveria mais de setenta mil solicitações em três meses. O Google cumpriu seu dever, aprovando, pelo visto, praticamente todas as solicitações. Na verdade, a empresa foi tão diligente — desindexando diversos artigos do *Guardian* e do *Daily Mail*, por exemplo, e então enviando aos jornais notificações automáticas para informar que tinham sido desindexados — que parecia estar intencionalmente atiçando as empresas para criar resistência à decisão judicial. Artigos e sites surgiram pela internet, atacando a decisão e expondo os esquecidos: um juiz de futebol que mentira sobre os motivos para aplicar um pênalti; um casal preso por fazer sexo em um trem (sobre o qual eu havia esquecido completamente até então); uma companhia aérea, a Cathay Pacific, acusada de racismo por um candidato muçulmano a uma vagade emprego.

Justine, acompanhando as notícias de Nova York, teve "sentimentos conflitantes imediatos", contou. Para ela, parecia censura. E também parecia interessante. Mas Justine sabia que, se fizesse uso da decisão, seria um desastre para ela. Imagine o frenesi caso o mundo descobrisse. Não. O "Direito de ser esquecido" melhoraria a vida de transgressores reais — algum antigo estelionatário europeu que praticamente não sofrera humilhações e conseguiu escapar da rede, por exemplo — muito mais do que ajudaria a vida da super-humilhada Justine Sacco.

Então, a pior coisa, disse ela, a coisa que fazia com que se sentisse mais impotente, era a falta de controle sobre os resultados de pesquisa do Google. Simplesmente estavam ali, eternos, esmagadores.

— Vai levar muito tempo para que aqueles resultados do Google mudem para mim — sentenciou ela.

11

O HOMEM QUE PODE MUDAR OS RESULTADOS DE BUSCA DO GOOGLE

Em outubro de 2012, um grupo de adultos com dificuldade de aprendizagem fez uma excursão até Washington D.C. Eles visitaram o parque National Mall, o Museu Memorial do Holocausto dos Estados Unidos, o Smithsonian, o Cemitério Nacional Arlington, a Casa da Moeda dos Estados Unidos. Viram o Túmulo do Soldado Desconhecido. À noite, cantaram no karaokê do bar do hotel. As cuidadoras deles, Lindsey Stone e a amiga Jamie, fizeram um dueto de "Total Eclipse of the Heart".

— Eles se divertiram tanto na viagem — contou Lindsey.
— Ríamos no ônibus, ríamos caminhando à noite. Eles acharam que nós éramos divertidas e legais.

Lindsey me contava a história 18 meses depois. Estávamos sentados à mesa da sua cozinha. Ela mora no fim de uma longa rua perto de um lago bonito, numa cidade litorânea da Costa Leste dos Estados Unidos.

— Eu gosto de dançar e de karaokê — disse Lindsey. — Mas durante um bom tempo depois daquela viagem, não saí de casa. Durante o dia, apenas ficava sentada aqui. Não queria ser vista por ninguém. Não queria que as pessoas me olhassem.

— Quanto tempo durou isso? — perguntei.

— Quase um ano — respondeu Lindsey.

Ela não queria falar comigo sobre o que acontecera naquela viagem para Washington D.C. Eu escrevera três vezes e ela ignorara cada uma de minhas cartas. Mas uma circunstância muito peculiar tornou necessário que ela mudasse de ideia.

•

Lindsey e Jaime trabalhavam na LIFE — Living Independently Forever — havia um ano e meio na época da viagem. A LIFE era um lar para "pessoas bastante funcionais com dificuldade de aprendizagem", contou Lindsey.

— Jamie tinha começado um clube de joias, que fez sucesso com as garotas. Nós as levávamos para o cinema e para jogar boliche. Conseguimos que a empresa comprasse um aparelho de karaokê. Ouvíamos bastante dos pais que éramos a melhor coisa que já acontecera naquele campus.

Fora do trabalho, Lindsey e Jamie tinham uma brincadeira recorrente: tirar fotografias idiotas.

— Fumar diante de um aviso de "Não Fume" ou posar diante de estátuas, imitando sua pose. Tirávamos fotos idiotas o tempo todo. Então, em Arlington, vimos a placa de "Silêncio e respeito". E a inspiração bateu. Então, pensando que estávamos sendo engraçadas, Jamie postou a foto no Facebook e me marcou, com meu consentimento, porque achei aquilo hilário.

Nada relevante aconteceu depois disso. Alguns amigos do Facebook postaram comentários pouco entusiasmados.

— Um deles tinha prestado serviço militar e escreveu uma mensagem que dizia: "Isso é meio ofensivo. Conheço vocês, meninas, mas é simplesmente de mau gosto." Outros dois comentaram concordando, e então eu disse: "Ei, ei, ei! Somos apenas nós sendo patetas! Deixa isso pra lá!"

Ei, ei, ei... esperem. Somos apenas nós, sendo as patetas que somos, desafiando a autoridade em geral. Bem parecido com a foto que postamos na noite anterior, em que eu estou fumando ao lado de uma placa que proíbe fumar. OBVIAMENTE não tivemos intenção ALGUMA de desrespeitar as pessoas que servem ou serviram nosso país.

— Mensagem no Facebook de Lindsey Stone,
20 de outubro de 2012.

Depois disso, Jamie perguntou a ela: "Você acha que deveríamos tirar?"

"Não!", foi a resposta de Lindsey, "Qual é o problema? Ninguém jamais vai pensar nisso de novo."

As configurações do Facebook da dupla eram um mistério para elas. A maioria das caixas de privacidade estava marcada. Algumas, não. Às vezes, elas reparavam que caixas que achavam que estavam marcadas não estavam. Lindsey tem pensado "muito" nisso nos últimos 18 meses.

— O Facebook funciona melhor quando todos estão compartilhando e curtindo as coisas. Isso aumenta os lucros deles. — Será que havia algum esquema do Facebook em que caixas "por acaso" se desmarcavam? Alguma falha? — Mas não quero dar a impressão de que estou criando teorias da conspiração. Não sei se as publicações por celular de Jamie algum dia foram privadas.

Enfim: as publicações por celular de Jamie não eram privadas. E quatro semanas depois de voltarem de Washington, as duas estavam em um restaurante comemorando seus aniversários — "A diferença entre os dois é de apenas uma semana" — quando perceberam que os celulares vibravam sem parar. Então foram olhar suas notificações.

"Lindsey Stone odeia os militares e odeia soldados que morreram em guerras internacionais", "Morra, puta", "Você deveria apodrecer no inferno", "Simplesmente pura maldade", e "O rosto de uma feminista típica. Vinte e cinco quilos acima do peso? Sim. Braços de linguiça e dedos de porquinha? Sim. Nenhum respeito pelos homens que se sacrificaram? Sim", "Foda-se, sua puta. Espero que tenha uma morte lenta e dolorosa. Sua puta retardada", "TOMARA QUE ESSA PUTA SEJA ESTUPRADA E ESFAQUEADA ATÉ A MORTE", "Falei com um funcionário da LIFE que me disse que há veteranos no comitê, e que ela será demitida. Esperando informações sobre a cúmplice...", "Depois que a demitirem, talvez precise se matricular lá como cliente. Essa mulher precisa de ajuda", "Coloque a feminista burra na prisão", e em resposta a um pequeno número de publicações sugerindo que talvez o futuro de uma pessoa não devesse ser destruído por causa de uma foto brincalhona, "O FUTURO DELA NÃO FOI DESTRUÍDO! Então pare de tentar transformá-la em mártir. Em seis meses, ninguém além daqueles que a conhecem de verdade vão se lembrar disso".

— Eu queria gritar: "Era só por causa da placa". — Lindsey não sabe como aquilo se espalhou. — Não acho que algum dia vou descobrir. Tenho a sensação de que alguém no trabalho encontrou. Nós meio que tínhamos revitalizado aquele campus. Havia uma rivalidade por causa disso. Éramos vistas como idiotas jovens e irreverentes.

Quando Lindsey foi se deitar naquela noite — "o que foi, na verdade, às 4h" —, uma página no Facebook chamada Fire Lindsey Stone [Demita Lindsey Stone] fora criada. Ela atraiu 12 mil curtidas. Lindsey leu cada comentário.

— Fiquei realmente obcecada por ler tudo a meu respeito.

No dia seguinte, equipes de filmagem tinham se reunido do lado de fora da porta dela. O pai de Lindsey tentou falar com elas. Ele segurava um cigarro entre os dedos. O cão da família o seguira. Enquanto tentava explicar que Lindsey não era uma pessoa horrível, ele percebeu que as câmeras passaram do rosto dele para o cigarro e para o cachorro, como se fossem uma família de caipiras americanos — separatistas fumantes no fim da rua com cães de guarda.

A LIFE recebeu uma enxurrada de e-mails exigindo a demissão das garotas, então Lindsey foi chamada até o trabalho. Mas não permitiram que ela entrasse no prédio. O chefe a encontrou no estacionamento e pediu-lhe que entregasse as chaves.

— Literalmente, da noite para o dia, tudo o que eu conhecia e amava se foi — contou.

E foi quando ela entrou em depressão, desenvolveu insônia, e mal saiu de casa por um ano.

•

Empresa é elogiada por demitir mulher que tirou foto desrespeitosa ao lado de túmulo de soldado

Uma empresa está sendo aplaudida por demitir uma mulher que fez um gesto vulgar ao lado do túmulo de um soldado, despertando ódio nacional (...) O rancor em relação a Lindsey Stone não desapareceu desde que ela perdeu o emprego (...) Comentários sugerem que "ela deveria levar um tiro" ou ser exilada dos Estados Unidos (...) Stone, que divulgou um pedido de desculpas, se recusa a aparecer em público desde os ataques, contaram os pais dela à CBS Boston.

— Rheana Murray, *New York Daily News*, 22 de novembro de 2012, conforme visto na primeira página de um dos resultados da pesquisa pelo termo "Lindsey Stone" no google.com.

Durante o ano que se seguiu à viagem a Washington D.C., Lindsey procurou emprego de cuidadora no site Craigslist, mas ninguém jamais respondeu às suas candidaturas. Ela espreitava na internet, observando todas as outras Lindsey Stone serem destruídas.

— Eu me senti tão mal por Justine Sacco — disse ela — e por aquela menina no Halloween que se vestiu como uma vítima da Maratona de Boston.

E então sua vida de repente ficou muito melhor. Lindsey recebeu uma oferta de emprego para cuidar de crianças com autismo.

— Mas estou apavorada — confessou ela.
— Porque seus novos chefes podem descobrir?
— Sim.

Psicólogos tentam lembrar àqueles que sofrem de ansiedade que preocupações do tipo "e se" são irracionais. Se você se vir pensando "E se eu acabei de soar racista?", o "e se" é evidência de que nada de ruim de fato aconteceu. São apenas pensamentos fervilhando freneticamente. Mas a preocupação "e se" de Lindsey — "E se minha nova empresa procurar meu nome no Google?" — era muitíssimo plausível. Na tempestade dos ataques de ansiedade de Lindesy, não havia um bote ao qual se segurar. O pior dos casos para ela era bastante possível. E a foto estava em toda parte. Tinha se tornado tão icônica e onipresente entre montes de veteranos, direitistas e antifeministas dos Estados Unidos que um homem até a transformou em fundo de tela patriota, incluindo a foto de um funeral militar, completa por um caixão coberto com a bandeira americana sobreposta ao muro atrás de Lindsey berrando com o dedo médio erguido.

Lindsey queria tanto o emprego que ficou "nervosa até para me candidatar. E não tinha certeza sobre como mencionar isso no meu currículo. Por que a saída repentina da LIFE? Eu estava em dúvida sobre se diria a eles: 'Só para vocês saberem, eu sou esta Lindsey Stone.' Porque sabia que a informação estava a apenas um clique de distância."

Antes da entrevista de emprego, a pergunta a assombrava. Será que deveria contar? Estava "insanamente nervosa" sobre se tomaria a decisão errada. Lindsey deixou para o momento da entrevista. E então a entrevista terminou e ela viu que o assunto não havia sido mencionado.

— Simplesmente não pareceu certo — contou ela. — Aqueles que me conhecem não veem Arlington como uma grande coisa. Então eu queria dar a eles a oportunidade de me conhecerem antes de dizer: "Isso é o que vão encontrar se me procurarem no Google."

Lindsey estava no emprego fazia quatro meses, e ainda não havia contado.

— E é lógico que não podia perguntar: "Vocês repararam e decidiram que não é um problema?" — comentei.

— Exatamente — disse Lindsey.

— E então você se sente presa em um silêncio paranoico.

— Eu amo tanto esse emprego, Jon... Amo aquelas crianças. Uma das mães me fez um elogio tão grande outro dia. Só estou trabalhando com o filho dela há um mês, e ela disse: "Assim que a conheci, ao ver o modo como age com meu filho e o modo como trata as pessoas, soube que você estava destinada a trabalhar nessa área." Mas vejo tudo com o coração pesaroso, porque espero a maré virar. E se ela descobrisse? Será que se sentiria da mesma forma? — Lindsey jamais poderia se sentir feliz e tranquila. O terror estaria sempre ali. — Isso impacta de verdade o modo como você vê o mundo. Desde que aconteceu, não tentei sair com ninguém. Quanto se permite que uma pessoa nova entre em sua vida? Será que já sabem? No lugar em que estou trabalhando agora, eu tinha a impressão de que ninguém sabia. Mas alguém fez um comentário outro dia, e mudei de ideia.

— Qual foi o comentário?

— Ah, estávamos conversando sobre algo e ele soltou um comentário do tipo: "Ah, não é como se eu fosse estampar isso pela internet." Então acrescentou rápido: "Brincadeira. Eu jamais faria isso com alguém. Jamais faria isso com você."

— Então você não sabe *com certeza* que ele sabia.
— Isso. Mas esse complemento imediato... Não sei. — Lindsey fez uma pausa. — Esse medo... Ele afeta a gente.

Mas agora, subitamente, algo acontecera que poderia fazer com que todos os problemas de Lindsey sumissem. Era algo quase mágico, e fora obra minha. Eu tinha dado início a uma série de eventos misteriosos e fantasiosos para ela. Nunca na vida estive em uma situação do tipo. Era nova para nós dois. Parecia boa — mas havia a chance de não ser.

•

Tudo começou quando me deparei com a história de dois antigos colegas de classe de filosofia de Harvard — Graeme Wood e Phineas Upham. Havia um quê de Michael Moyniham e Jonah Lehrer neles. Em Harvard — conforme Graeme Wood escreveria mais tarde —, Phineas "se vestia como um aluno de escola preparatória e era parte do grupo de alunos que cultuava Ayn Rand. Eu não era pobre, mas ninguém na minha família sabia qual era o peso de uma bolsa com trezentos mil dólares dentro".

O que Graeme Wood queria dizer era que, em 2010 — 12 anos depois de sair de Harvard —, Phineas Upham e sua mãe, Nancy, foram presos sob acusações de evasão fiscal. O documento de indiciação dizia que eles haviam conspirado para esconder 11 milhões de dólares na conta de um banco suíço, e então trouxeram o dinheiro, em espécie, às escondidas de volta para os Estados Unidos. Graeme ficou intrigado com a notícia, então configurou um alerta no Google para "se manter inteirado dos acontecimentos".

O escândalo acabou rápido. Nancy confessou a culpa, foi multada em 5,5 milhões de dólares e recebeu uma sentença com sursis de três anos. Logo depois disso, Graeme recebeu um alerta do Google sobre Phineas:

EUA retira acusação de homem denunciado por ajudar a mãe a esconder dinheiro

O escritório do procurador-geral dos Estados Unidos, Preet Bharara, em Manhattan, retirou uma indiciação de outubro de 2010 que imputava Samuel Phineas Upham de uma acusação de conspiração para cometer fraude fiscal e três acusações de auxiliar na preparação de falsas declarações de restituição fiscal.

"O governo concluiu que seguir com o processo contra o réu não seria do interesse da justiça", disseram procuradores em uma audiência de 18 de maio na corte federal de Nova York.

— David Voreacos, *Bloomberg Business Week*, 23 de maio de 2012.

Todas as acusações contra Phineas foram retiradas. E tudo terminou aí. Exceto por Graeme jamais ter se dado ao trabalho de cancelar o alerta do Google sobre Phineas Upham. E foi por isso que começou a notar as honras estranhas. Phineas estava subitamente recebendo muitas delas. Ele foi nomeado "curador-chefe de finanças da *Venture Cap Monthly*", o que quer que isso significasse. O "Charity News Forum" elegeu Phineas "Filantropo do Mês". Ele começou a escrever para uma revista da qual Graeme jamais ouvira falar, chamada *Philanthropy Chronicle*. Phineas publicou uma coleção de ensaios. Até mesmo criou uma revista para "levar a redação filosófica para jovens desprivilegiados ao torná-la parte de programas educacionais sem fins lucrativos em países em desenvolvimento".

Mas, conforme Graeme escreveria, "alguma coisa estava errada com esses sites, os quais, em todos os casos, pareciam frágeis e temporários, principalmente quando se passava da primeira página".

Quando fomos ao endereço listado como o escritório da revista [*Philanthropy Chronicle*], descobri que o número 64 da rua Prince não existia — ou melhor, que essa é a entrada dos fundos ao lado de um restaurante indiano.

O que começara como um alerta do Google sobre Phineas Upham motivado pelo prazer de observar seus infortúnios levou Graeme ao misterioso mundo do "gerenciamento secreto de reputações". O propósito dos sites falsos era óbvio — descer os resultados de busca sobre evasão fiscal até que eles, de fato, sumissem. Ninguém tinha ouvido falar da decisão da Corte de Justiça Europeia sobre o "Direito de ser esquecido" àquela altura — que só viria a existir dali a dois anos —, mas alguém estava obviamente montando uma versão caseira e desleixada, com base nos Estados Unidos, para Phineas Upham.

Graeme tinha uma habilidade que a maioria das pessoas não tem. Ele sabia como obter pistas de códigos HTML. Assim, e mergulhou neles, "procurando evidências de um autor em comum". E encontrou. Os sites falsos eram trabalho de um homem chamado Bryce Tom, dono de uma empresa chamada Metal Rabbit Media. Era um jovem californiano que morava em Nova York.

Os dois se encontraram em um café: Graeme, animado por ter exposto a mina de ouro; Bryce Tom evidentemente atormentado pela ansiedade:

"Isso pode ser muito ruim para mim", afirmou Bryce, muito abalado. "Ninguém vai querer contratar meu negócio." Nós nos encaramos em um silêncio desconfortável por alguns minutos, e eu fui buscar uma sangria não alcoólica para acalmá-lo. Quando voltei, Bryce tinha despedaçado o guardanapo.

— Graeme Wood, "Scrubbed" [Esfregado], *New York Magazine*, 16 de junho de 2013.

Achei a matéria de Graeme estranha e envolvente, exceto por esta última parte. Bryce Tom parecera desesperado demais por ser exposto, o que levava a um fim melancólico.

E agora, Graeme e eu estávamos sentados um diante do outro em um café de Nova York. Eu disse a ele que não tinha ideia de que pessoas como Bryce Tom existiam, e queria fazer uma investigação própria. Graeme me deu pistas: nomes de homens e mulheres que ele suspeitava serem clientes da Metal Rabbit, como a de um mediador da ONU, altamente condecorado, que sofrera duas explosões de atentados suicidas. De volta à minha casa, li artigos sobre como, nas duas ocasiões, sangrando devido a ferimentos de estilhaços, o homem ficara para ajudar os feridos e os moribundos. As histórias estavam cheias de elogios, tributos à bravura do homem, "mas a página dele na Wikipédia foi editada por um homem que sei que trabalha para a Metal Rabbit", me contara Graeme. E depois de uma hora vasculhando o Google, encontrei um site que acusava o mediador de ser um mulherengo, ter traído três mulheres ao mesmo tempo, ser "um babaca vagabundo" e "um mentiroso patológico cujo comportamento é demoníaco". Quando mandei um e-mail ao mediador perguntando se era cliente da Metal Rabbit, ele respondeu evasivamente que não, mas "conheço os caras".

Como Graeme Wood, eu estava me divertindo ao explorar as páginas de busca do Google que ninguém visita atrás de segredos que normalmente passariam despercebidos; mas então conheci Justine e soube da história de Lindsey. Em seguida, li o artigo de Graeme pela segunda vez, e vi um lado diferente da coisa. Era deprimente que 99% de nós jamais tivesse a possibilidade de pagar por um serviço como o Metal Rabbit, e era intrigante e escandaloso que pessoas como Bryce Tom conduzissem seus negócios de forma tão obscura. A Metal Rabbit merecia exposição. Mas Phineas Upham fora inocentado de todas as acusações. Certamente, ele tinha o direito de ser esquecido? Não tinha?

Mandei um e-mail para Bryce Tom: "A Metal Rabbit Media ainda está operando?"

Ele respondeu: "Como posso ajudá-lo?"

Respondi: "Sou jornalista..."

Jamais ouvi falar de Bryce de novo.

•

O Village Pub, em Woodside, próximo a Menlo Park, Vale do Silício, não parece nada de mais quando visto de fora, mas, ao entrar, é possível perceber que trata-se de um lugar de altíssimo nível, cheio de bilionários da tecnologia — uma versão em forma de restaurante das roupas nada ameaçadoras que os bilionários da tecnologia estavam vestindo. Disse a meu companheiro de refeição, Michael Fertik, que ele era o único representante do misterioso mundo do gerenciamento de reputações que respondera ao meu e-mail.

— É porque nesse setor é muito fácil ser uma empresa repulsiva e indecente — respondeu ele.

— Indecente como?

— Alguns deles são pessoas muito nojentas. Tem um cara que é dono de uma empresa famosinha em nossa área; ele é um estuprador condenado. Foi preso por quatro anos por estuprar uma mulher. O sujeito começou uma empresa para, basicamente, esconder esse fato sobre ele, acho. — Então me contou o nome da empresa. — Fizemos um arquivo de dados sobre ele.

A concorrência de Michael era desonesta, assim como alguns dos clientes em potencial, disse ele.

— Bem no início, duas semanas depois de lançarmos o site, em 2006 [a empresa de Michael é a reputation.com], me lembro de estar sozinho e conseguir a adesão de alguns caras. Então eu os pesquisei no Google. Eram pedófilos.

— Você se lembra dos nomes dos pedófilos? — perguntei-lhe.

— É claro que não. Por que pergunta essas merdas?

— Sei lá, Michael — respondi. — Curiosidade.

— Não, é aquela curiosidade maldosa, do tipo que você condena no livro — respondeu Michael.

Michael parecia diferente das outras pessoas que estavam no restaurante. Não reconheci nenhuma delas, mas todas pareciam insanamente ricas — daquelas que estudaram em escolas particulares caríssimas, possuem iates de luxo, passam férias de verão em Martha's Vineyard, são brancas, caucasianas e protestantes e estão em paz com o mundo —, e praticamente flutuavam pelo ambiente, ao passo que Michael era um homem desgrenhado, grande, irritadiço e judeu. Nasceu em Nova York, obteve um diploma da faculdade de direito de Harvard e inventou o conceito de gerenciamento de reputação on-line enquanto trabalhava no escritório do Sexto Circuito da Corte de Apelações dos Estados Unidos, em Louisville, Kentucky. Isso foi em meados dos anos 2000. Histórias sobre bullying virtual e *revenge porn* estavam apenas começando a surgir. E foi assim que teve uma ideia.

Michael me contou que, depois que recusou os pedófilos, percebeu que vinha recebendo adesões de neonazistas, apesar de serem ex-neonazistas arrependidos — "Quando eu tinha 17 anos, era nazista. Era um adolescente babaca. Agora tenho 40 anos, estou tentando seguir com a vida, mas a internet ainda acha que sou um nazista." Havia mais empatia com eles do que com os pedófilos, mas Michael, por ser judeu, mesmo assim não os queria como clientes. Então escreveu um código de conduta. Não aceitaria ninguém que estivesse sob investigação ou tivesse sido condenado de crime violento, crime de fraude, qualquer crime de violência sexual, ou qualquer um acusado — mesmo informalmente — de crime sexual contra crianças. E, segundo Michael, havia outra diferença moral entre ele e os concorrentes. Ele não inventaria honrarias falsas. Apenas colocaria a verdade lá no alto. Embora "eu ache que ninguém se dá ao trabalho de fazer uma checagem de fatos tão profunda".

— Não tenho ideia do que você faz de verdade — admiti para Michael ao telefone antes de nosso jantar. — Não sei como manipula resultados de busca do Google.

Entendi que ele oferecia algum tipo de versão mais discreta da decisão do "Direito de ser esquecido" da Corte de Justiça Europeia. Além disso, diferentemente da decisão, Michael tinha um alcance mundial, e não apenas europeu. Na verdade, a decisão não estava funcionando bem para muitos que recorriam a ela. Eles se viam menos esquecidos do que nunca, considerando que tantos jornalistas e blogueiros tinham se dedicado a expô-los. Mas ninguém estava analisando as listas de clientes das empresas de gerenciamento de reputações on-line. Apenas algumas pessoas muito azaradas, como Phineas Upham, tinham sido expostas dessa forma.

— Seu trabalho é um mistério completo para mim — disse para Michael. — Sobretudo o lado tecnológico. Talvez eu possa acompanhar alguém ao longo do processo...

— Claro — respondeu ele.

Então fizemos um plano. Só precisaríamos encontrar um cliente disposto. O que não seria fácil, considerando que meu discurso de persuasão seria eu querer estudar algo que a pessoa estava tentando esconder a todo custo. Não era muito convincente.

Conversamos sobre possibilidades genéricas. Talvez eu pudesse convencer uma vítima de *revenge porn*, sugeriu Michael, alguma mulher cujo namorado ressentido tivesse postado fotos dela nua na internet. Ou talvez eu pudesse convencer um político que desejasse que algo que tivesse dito sem pensar fosse enterrado antes que caísse no conhecimento do público. Ou, acrescentou Michael de forma menos genérica, talvez eu pudesse convencer o líder de um grupo religioso que estivesse sendo falsamente acusado na internet de ter assassinado o irmão.

Pigarreei e disse:

— Que tal o líder de um grupo religioso que está sendo falsamente acusado de assassinar o irmão?

Chamarei o líder religioso de Gregory. Não é seu nome verdadeiro. Além disso, mudei alguns detalhes da história para torná-lo inidentificável, por motivos que se tornarão óbvios. O irmão de Gregory — membro de seu grupo religioso — fora encontrado morto em um quarto de hotel. Um membro da congregação fora preso pelo assassinato. Os policiais que conduziam a investigação tinham, aparentemente, desconsiderado Gregory como cúmplice. Mas os fóruns de discussão fervilhavam com especulações de que ele tinha ordenado o crime, como algum tipo de Charles Manson.

E era aí que entrava a reputation.com. Gregory não abordara a empresa. A equipe de prospecção de clientes sugerira os serviços a ele. Não sei como essa conversa se dera. Agora, no entanto, Michael falava com o homem sobre aceitá-lo como um cliente gratuito, sob a condição de que me fosse permitido testemunhar tudo.

Gregory me mandou um e-mail. Disse que estava agradecido pela oferta de Michael e que talvez aceitasse fazer uma entrevista comigo — o tom dele fez "aceitar fazer uma entrevista" parecer com "me agraciar com uma entrevista", pensei —, mas ele estava intrigado. Considerando que meus livros anteriores eram sobre tópicos tão frívolos quanto paranormais militares e os teóricos da conspiração, por que eu achava que meus leitores se interessariam pelo importante assunto da humilhação pública?
Ai, meu Deus, pensei. *Ele está certo.*

Gregory acrescentou que lamentava muito se me ofendia, mas por que eu havia presumido que minha visão sobre um assunto sério como a humilhação pública seria respeitada por qualquer um, considerando que meus livros anteriores soavam tão implausíveis?

Isso É um pouco ofensivo, pensei.

Ele pareceu desconfiar de que o aspecto assassinato-mistério da sua história fosse mais cativante para mim do que a parte sobre a humilhação pública. E o que eu poderia dizer? Ele estava certo. Eu ficaria feliz por fazer com que o nome de Gregory fosse expurgado da internet se pudesse ouvir os detalhes intrigantes do caso. Eu era como o gigante egoísta que queria guardar o jardim exuberante para mim e para meus leitores, enquanto construía um muro alto ao redor dele, para que ninguém mais conseguisse olhar.

Gregory e eu trocamos vários e-mails, por volta de trinta mensagens, durante os dias que se seguiram. Meus e-mails eram despreocupados. Os dele aludiam sombriamente a "condições". Ignorei a palavra "condições" e continuei tranquilo. Por fim, Gregory deu a boa notícia de que decidira me conceder uma entrevista exclusiva, então estava instruindo o advogado a redigir um contrato no qual eu concordava em retratá-lo de modo positivo, ou sofreria uma penalidade financeira significativa.

E esse foi o fim de meu relacionamento com Gregory.

Agora que eu não precisava mais ter um comportamento exemplar nos e-mails, podia dizer o que quisesse. "Por umas mil razões, por nada neste mundo eu assinaria um contrato prometendo ser positivo ou arriscar significativa penalidade financeira", escrevi. "Nunca ouvi falar de tal coisa! Nem consigo dizer o quanto algo assim é malvisto no jornalismo. NINGUÉM faz isso. Se eu assinasse, você poderia determinar qualquer coisa como negativa e levar meu dinheiro! E se, Deus me livre, você for acusado? E se tivermos um desentendimento?"

Gregory me desejou sorte com o livro.

Foi frustrante. Michael Fertik estava oferecendo serviços gratuitos a uma pessoa humilhada de minha escolha, e eu estava tendo dificuldades em sugerir uma que não fosse desagradavelmente insuportável. A questão era que, embora Gregory não tivesse sido acusado de crime algum, os e-mails esquisitos e controladores dele tinham me tornado mais cauteloso a respeito do mundo do gerenciamento de reputações on-line. Que outras falhas eram encobertas?

Michael me acusara de ter "curiosidade maldosa, do tipo que você condena no livro", quando perguntei-lhe sobre as primeiras inscrições dos pedófilos que ele havia recusado. E, agora, a acusação me deixara em pânico. Eu não queria escrever um livro que defendesse um mundo menos curioso. Curiosidade maldosa pode não ser algo bom. Mas a curiosidade é. Os erros das pessoas precisam ser escritos. Os erros de algumas pessoas levam a horrores infligidos em outros. E então há os erros mais humanos que, quando analisados, desdemonizam as pessoas que poderiam, em outro contexto, ser vistas como monstros.

No entanto, havia um lado do negócio de Michael que eu respeitava — o lado que oferecia salvação àqueles que realmente não tinham feito nada de errado, mas que haviam sido dramaticamente humilhados mesmo assim. Como Justine Sacco. E, por isso, mandei e-mail para a relações-públicas de Michael, Leslie Hobbs, sugerindo Justine como substituta de Gregory: "Acho que é um caso merecedor", escrevi. "Ela pode não topar. Mas será que eu deveria ao menos sugerir isso a ela como uma possibilidade?"

Leslie não respondeu a meu e-mail. Enviei outro perguntando por que não queriam considerar aceitar Justine. Ela não respondeu a esse e-mail também. Entendi a deixa. Eu não queria perder a boa vontade deles, então joguei Justine no fogo e sugeri outro nome — uma humilhada pública para quem eu havia escrito três vezes, e de quem não obtivera resposta. Lindsey Stone.

Foi a primeira vez em que estive na posição de oferecer um incentivo a uma entrevistada relutante. Eu tinha visto outros jornalistas fazerem isso, e sempre os encarei com raiva. Vinte anos atrás, cobri o julgamento de estupro de um apresentador de TV britânico. Jornalistas no banco da imprensa lançavam sorrisinhos amigáveis a ele na esperança de uma entrevista exclusiva, caso o apresentador fosse inocentado. Dava vergonha. E, além disso, foi inútil:

no dia da absolvição, uma mulher de casaco de pele apareceu do nada no tribunal e o levou embora. No fim das contas, a mulher era do News of the World. Nenhum dos outros — os de sorrisinhos amigáveis — jamais teve chance. Aquela mulher tinha um talão de cheques.

Eu não tinha talão de cheques, mas sem o incentivo de Michael, não teria chance com Lindsey. E foi um incentivo e tanto.

— Acabaremos gastando centenas de milhares de dólares com ela — disse Michael. — Pelo menos cem mil. Muitos milhares de dólares em esforços.

— Centenas de milhares?

— A situação dela é muito delicada, Jon — respondeu Michael.

— Por que custa tanto?

— Fale com o Google. — Ele deu de ombros. — É uma droga ser Lindsey Stone.

Achei que Michael estava sendo incrivelmente generoso.

Não contei a Lindsey que ela quase perdeu para Justine Sacco e o líder de um grupo religioso que tinha sido falsamente acusado de assassinar o irmão. A história de Gregory me distraíra demais. Mas Lindsey era perfeita. Com ela, não havia avisos estranhos, nada de e-mails dominadores. Ela só queria trabalhar com crianças autistas e não sentir o medo de ser descoberta.

— Se Michael aceitar você, aquela foto pode praticamente desaparecer — expliquei.

— Isso seria inacreditável — respondeu Lindsey. — Ou se ao menos sumisse para duas páginas depois no Google. Só gente esquisita olha além da segunda página.

Lindsey sabia que não era uma situação perfeita. Meu livro, inevitavelmente, traria os resultados para o alto de novo. Mas ela entendia que qualquer coisa seria melhor do que o modo como tudo estava naquele momento. Centenas de milhares de dólares em serviços gratuitos estavam sendo oferecidos. Era algo sob medida — um serviço de erradicação de humilhação que apenas os super-ricos poderiam pagar normalmente. Depois que saí da casa de Lindsey, ela e Michael conversaram ao telefone. Em seguida, Michael me ligou:

— Ela foi muito educada, prestativa e cooperativa. Acho que podemos prosseguir.

•

Por conta de sua agenda cheia, Michael não poderia começar com Lindsey por mais alguns meses, então tirei uma folga. Já trabalhei em histórias sombrias antes — histórias sobre pessoas inocentes que perdem a vida para o FBI, sobre bancos encurralando devedores até que eles cometam suicídio —, mas, embora eu sentisse pena dessa gente, não sentia o pesar abrir um buraco dentro de mim do mesmo modo que as histórias de humilhação tinham feito. Eu saía dos encontros com Jonah, Michael e Justine me sentindo nervoso e deprimido. Então, foi uma grata surpresa receber um e-mail da irmã de Richard Branson, Vanessa, me convidando para dar uma palestra um salão de debates num palácio/casa de férias/hotel em Marrakesh, o Riad El Fenn. "Outros palestrantes incluem Clive Stafford Smith, advogado de direitos humanos; David Chipperfield, arquiteto; Hans Ulrich Obrist, curador do Serpentine Gallery;

Redha Moali, bem-sucedido empresário de artes", escreveu ela. Pesquisei o Riad no Google. Ele "combina grandeza e arquitetura histórica a recantos reservados, varandas e jardins", e está "a apenas cinco minutos a pé da mundialmente famosa praça Djemaa el Fna e do fervilhante labirinto de ruas que compõem o mercado".

E, então, quatro semanas depois, lá estava eu sentado, lendo um livro, debaixo de uma laranjeira no pátio de Vanessa Branson em Marrakesh. Vanessa Branson estava deitada de barriga para cima em um divã de veludo no canto, com seus amigos acomodados por perto bebendo chá de ervas. Um deles fora CEO da Sony na Alemanha, outro era dono de uma mina de diamantes na África do Sul. Eu me sentia cansado e tenso, e menos lânguido que os demais, que vestiam linho branco e tinham aparência despreocupada.

Então ouvi um barulho. Ergui o rosto do livro. Vanessa Branson corria pelo pátio para receber alguém novo. Ele também estava vestindo linho e era alto e magro, com o andar de um homem britânico bem-sucedido. Poderia ser um diplomata. Em alguns minutos, o homem veio até mim.

— Sou Clive Stafford Smith — apresentou-se.

Eu sabia um pouco sobre Clive pela entrevista dele no programa *Desert Island Discs*, da BBC Radio 4 — sobre como estava destinado a viver na alta sociedade britânica até que, um dia, no internato, viu em um livro a figura de Joana D'Arc sendo queimada na fogueira e percebeu que ela se parecia com sua irmã. Então, por volta dos 20 anos, Clive se tornou advogado criminalista no corredor da morte no Mississípi, e defende esses detentos e os de

Guantánamo desde então. A apresentadora do *Desert Island Discs*, Sue Lawley, o tratou com uma atitude de espanto maravilhado, como a rainha Vitória faria com um lorde que tivesse saído para explorar a parte mais obscura da África. Dez minutos depois de me conhecer, Clive caminhava comigo pelos corredores do palácio labiríntico de Vanessa Branson, contando por que as prisões deveriam ser abolidas.

— Vou fazer três perguntas — disse ele —, e então você entenderá meu ponto de vista. Pergunta um: Qual é a pior coisa que você já fez a alguém? Tudo bem, não precisa confessar em voz alta. Pergunta dois: Qual é o pior ato criminoso que já foi cometido contra você? Pergunta três: Qual dos dois foi o mais prejudicial à vítima?

O pior ato criminoso que já me aconteceu foi um roubo de domicílio. O quanto foi prejudicial? Quase nada. Eu me senti teoricamente violado diante da ideia de um estranho perambulando pela minha casa. Mas recebi o dinheiro do seguro. Fui assaltado certa vez. Tinha 18 anos. O homem que me assaltou era alcoólatra. Ele me viu saindo de um supermercado. "Passe o álcool!", gritou o homem, que socou meu rosto, pegou as compras e fugiu. Não havia álcool nenhum na bolsa. Fiquei chateado por algumas semanas, mas passou.

E qual foi a pior coisa que já fiz com alguém? Foi algo terrível. Foi arrasador para a pessoa, embora não ilegal.

A questão de Clive era que o sistema de justiça criminal deveria reparar os danos, mas a maioria dos prisioneiros — jovens, negros — foi encarcerada por atos muito menos emocionalmente prejudiciais do que os danos que não criminosos praticam uns contra os outros o tempo todo — maus maridos, más esposas, chefes impiedosos, bullys, banqueiros.

Pensei em Justine Sacco. Quantos daqueles que se juntaram para atacá-la tinham sofrido emocionalmente pelo que leram? Até onde eu sabia, apenas uma pessoa se prejudicara naquele ataque.

— Estou escrevendo um livro sobre humilhação pública — contei a Clive. — Com a justiça dos cidadãos, trazemos a humilhação pública de volta em grande estilo. Você passou a vida em tribunais de verdade. É o mesmo lá? A humilhação também é utilizada em tribunais reais?

— Ah, sim! — respondeu Clive, bem alegre. — Faço isso o tempo todo. Já humilhei muita gente. Principalmente especialistas.

— Qual é o seu método?

— É um jogo bem simples — afirmou ele. — Você precisa descobrir algo tão obscuro que o especialista não tem como saber. Talvez seja algo irrelevante para o caso, mas precisa ser algo para o qual ele não tenha a resposta. Os especialistas serão incapazes de dizer que não sabem. Então, eles vão, aos poucos, se enrolar até o ponto de parecerem bem burros.

— Por que são incapazes de dizerem que não sabem?

— É a profissão deles. Tem a ver com respeito. É importante ser considerado especialista. Imagine as coisas que você pode discutir em jantares com as outras pessoas chatas à mesa. Você é a testemunha que trancafiou Ted Bundy. Eles farão de tudo para não parecerem burros. Essa é a chave. E, se conseguir fazer com que pareçam burros, todo o resto desaba.

Clive fez parecer que a humilhação era tão natural quanto respirar no mundo dos tribunais, e sempre fora. E, é claro, eu entendia que testemunhas precisavam ser interrogadas, a honestidade delas devia ser testada. Mas é estranho que tantos de nós vejam a humilhação do modo como os libertários do livre mercado veem o capitalismo, como um lindo monstro que precisa ser deixado em liberdade. Aqueles de nós nas mídias sociais estávamos apenas começando em nossa cruzada de humilhação. Nos tribunais de verdade, segundo Clive, ela era venerada como tática de linha de frente. Eu me perguntei: quando a humilhação assume um significado desproporcional dentro de uma instituição respeitável, quando ela se entranha ao longo de gerações, quais são as consequências? O que isso faz com os participantes?

12

O TERROR

Dez homens e mulheres estavam sentados em círculo a uma mesa de reuniões no Piccadilly Hotel, em Manchester. Havia um metalúrgico naval, uma enfermeira pediátrica, um terapeuta ocupacional especializado em traumas cerebrais, um técnico de laboratório que trabalhava com o esquadrão antidrogas da polícia metropolitana, alguém da indústria do tabaco, um assistente social que visita lares com suspeita de abuso ou negligência, e assim por diante. Essas pessoas tinham apenas uma coisa em comum: eram testemunhas especialistas novatas em julgamentos. Todas esperavam ganhar um dinheiro a mais do mundo dos tribunais. Como eu, elas não conheciam os detalhes de como funciona um dia no tribunal. Nenhuma delas havia sido chamada como especialista antes. E por isso tinham se inscrito naquele curso de "familiarização com tribunais", organizado pela empresa de treinamento legal Bond Solon. Eu me inscrevi no curso após aquela conversa com Clive. Estava curioso para descobrir se humilhação era uma parte tão significativa do ambiente dos julgamentos para merecer ser mencionada em um curso de familiarização com tribunais.

Ela mereceu uma menção imediatamente. Havia um quadro branco. Nosso instrutor do dia, John, estava ao lado dele.

— Vocês — disse para nós, como introdução — são como um osso puxado por dois cães que querem vencer. E, se ficarem entre o advogado e o objetivo dele, vão se machucar. — John avaliou os participantes. — Valorizem o que o advogado está tentando fazer. O advogado espera arrastar vocês para a lama. Ele os chamará de incompetentes, inexperientes. Vocês podem começar a se sentir irritados, chateados. Ele vai tentar levá-los para fora de sua área de conhecimento, de seu círculo de fatos. Como? Como ele vai tentar fazer isso?

Silêncio. Então os especialistas novatos perceberam que não era uma pergunta retórica.

— Expressão facial? — disse o metalúrgico naval.

— Como assim? — perguntou John.

— Sorrindo ou não — respondeu o metalúrgico. — Parecendo não se comover. Levando a gente a uma falsa noção de segurança, e então aplicando um golpe. Parecendo entediado?

John escreveu as sugestões no quadro branco.

— Vai nos deixar ansiosos com uma voz incrédula, condescendente ou sarcástica? — perguntou um assistente social.

— Talvez uma risada de deboche? — perguntou o técnico de laboratório.

— Não, isso soaria pouco profissional — disse John.

— Mas podem optar pela incredulidade. Podem dizer: "*É mesmo?*"

— O que aconteceria se eu desse uma risada de nervoso? — perguntou o técnico de laboratório. — Às vezes, quando estou sob pressão, rio de nervoso.

— Não faça isso — alertou John. — Se fizer, eles dirão: "Acha isso *engraçado*? Meu *cliente* não acha."

— Podemos pedir a ele que pare se ficar intenso demais para nós? — quis saber o metalúrgico naval.

— Não — respondeu John. — Não podem pedir que ele pare. Algum outro palpite?

— Fingir dizer seu nome errado? — sugeriu alguém.

— Silêncio? — falou outra pessoa.

Todos se encolheram diante da ideia do silêncio.

— Devemos nos preocupar com a cor de nossas roupas? — perguntou um cuidador. — Ouvi dizer que alguém vestindo marrom é considerado menos crível.

— Isso é profundo demais para mim — respondeu John.

Presumi que até a hora do almoço John teria terminado com a humilhação e passado para outros tópicos. Mas, na verdade, isso não aconteceu. No fim das contas, humilhação era uma parte tão integrante do processo judicial que o dia foi praticamente todo sobre a respeito dela. À tarde, os especialistas aprenderam algumas técnicas para evitar a humilhação. Assim que subissem ao banco de testemunhas, deveriam pedir que o funcionário do tribunal pegasse um copo de água para eles, contou John. Isso lhes daria um minuto para se acalmar. Não serviriam a água eles mesmos, mas pediriam que o funcionário o fizesse. Quando o advogado perguntasse algo, deveriam girar o corpo e responder ao juiz.

— Será muito mais difícil destruir vocês dessa forma — disse John. — Estranhamente, nós gostamos de olhar para nossos carrascos. Talvez tenha algo a ver com síndrome de Estocolmo.

O dia terminou com uma simulação de inquirição cruzada — uma chance para que os especialistas novatos trabalhassem o que tinham aprendido. Matthew, o metalúrgico naval, foi o primeiro a subir no falso banco de testemunhas. John me pediu para fingir ser o juiz. Todos deram sorrisos de apoio para Matthew. Ele era jovem, vestia uma camisa rosa e uma gravata rosa. Estava tremendo um pouco. Matthew se serviu de um copo de água. A água no copo se agitou como um lago durante um pequeno terremoto.

Ele se esqueceu de pedir que o funcionário servisse a água, pensei.

— Diga quais são suas qualificações — disse John, assumindo o papel do advogado que fazia a inquirição.

— Tenho um diploma de nível superior de primeira classe... desculpe, de segunda classe, em metalurgia — falou Matthew, encarando John.

Então ele baixou a cabeça como uma gueixa.

Por que não está se virando para olhar para mim?, pensei.

A encenação de Matthew durou 15 minutos. O rosto dele ficou vermelho como um contêiner enferrujado conforme balbuciava sobre molas corroídas. A boca de Matthew estava seca, a voz dele falhava. Estava arrasado.

Ele é fraco, me ouvi pensar. *Tão fraco.*

Então me detive. Julgar uma pessoa com base no quanto ela parece envergonhada diante de uma humilhação é uma forma realmente estranha e arbitrária de formar uma opinião sobre alguém.

•

Comecei a me corresponder com uma mulher da cidade escocesa de New Cumnock. O nome dela era Linda Armstrong. Em uma noite de setembro, a filha de 16 anos de Linda, Lindsay, estava a caminho de casa, depois de sair de uma pista de boliche próxima, quando um garoto de 14 anos a seguiu para fora do ônibus, a levou até o parque, empurrou a jovem para o chão e a estuprou. No julgamento do garoto, Lindsay foi interrogada pelo advogado do menino, John Carruthers. Linda me enviou uma cópia da transcrição do tribunal. "Nunca li", escreveu ela para mim, "porque não conseguia encarar."

LINDSAY ARMSTRONG: Ele começou a ir atrás de mim, e estava me pedindo para sair com ele e tal, e eu ficava dizendo que não, então me afastei, e ele me seguiu e puxou meu braço assim e começou a tentar me beijar e tal, e eu o empurrava. Falei para me deixar em paz e então ele me jogou no chão...

JOHN CARRUTHERS: Será que poderíamos ver a prova número 7, por favor? Reconhece?

LINDSAY ARMSTRONG: A-hã.

JOHN CARRUTHERS: O que é?

LINDSAY ARMSTRONG: Minha calcinha.
JOHN CARRUTHERS: Essa é a calcinha que você estava usando naquele dia?
LINDSAY ARMSTRONG: A-hã.
JOHN CARRUTHERS: Será que poderia levantá-la para permitir que as pessoas a vejam? Seria correto descrever essa calcinha como translúcida?
LINDSAY ARMSTRONG: Não acho que o tipo de calcinha que eu uso tem algo a ver com...
JOHN CARRUTHERS: Bem, levante-a de novo. Tem um nome, esse design, não tem? Como se chama? Não é fio-dental?
LINDSAY ARMSTRONG: Sim.
JOHN CARRUTHERS: Desculpe, srta. Armstrong. Posso pedir que a levante?
LINDSAY ARMSTRONG: Desculpe.
JOHN CARRUTHERS: Agora consegue ver através dessa calcinha, correto?
LINDSAY ARMSTRONG: A-hã.
JOHN CARRUTHERS: O que diz na frente?
LINDSAY ARMSTRONG: Diabinha.
JOHN CARRUTHERS: Como é?
LINDSAY ARMSTRONG: Diabinha.

"Lindsay disse que estava enojada e muito envergonhada por ele fazer com que ela segurasse a calcinha para todos verem", contou Linda por e-mail. "Ela disse que baixou a calcinha rapidamente e o advogado gritou para que ela a levantasse de novo. Só para que o júri visse que tipo de calcinha usava. Acho que essa foi a parte mais estressante da inquirição para ela, pois minha filha nunca mais queria ver aquelas roupas. Não havia nenhuma necessidade de Lindsay ler em voz alta o que estava escrito na frente da calcinha."

O garoto foi declarado culpado e foi sentenciado a passar quatro anos em uma instituição para menores infratores (no fim das contas, cumpriu dois). Três semanas depois da inquirição de Lindsay, os pais dela a encontraram no quarto às 2h. Lindsay tinha colocado "Bohemian Rhapsody" para tocar e tomado uma dose letal de antidepressivos.

Uma humilhação pode ser como um espelho distorcido de parques de diversões, pegando a natureza humana e fazendo com que se pareça monstruosa. É claro que foram táticas como a de John Carruthers que nos influenciaram a acreditar que poderíamos fazer uma justiça melhor nas redes sociais. Mas mesmo assim: uma humilhação inconsequente é uma humilhação inconsequente, e imaginei o que aconteceria se decidíssemos evitar a humilhação de vez — se nos recusássemos a humilhar as pessoas. Será que havia alguma parte do sistema judiciário testando uma ideia como essa? Na verdade, havia. E era coordenada pela última pessoa que se esperaria.

13

RAQUEL EM UM MUNDO PÓS-HUMILHAÇÃO

Um garotinho e seu pai tomavam café da manhã em um restaurante quase deserto no Meatpacking District, em Manhattan, quando perceberam um homem correndo em disparado em sua direção. O homem parecia ter algo urgente a dizer. O garoto se sentia ansioso devido ao que poderia acontecer a seguir. O estranho tomou fôlego.
— ESTUDE MUITO MATEMÁTICA! — gritou ele.
Silêncio.
— Tudo bem — disse o garoto.
Com isso, o homem caminhou até mim e se sentou, satisfeito por ter tido a chance de motivar positivamente uma criança. O celular dele tocou.
— Desculpe — disse ele, sem emitir som, e atendeu.
— VOCÊ FEZ DEZ PODEROSAS INTENSAS ONTEM À NOITE? — gritou o homem ao telefone. — PALAVRA DE HONRA? QUE BOM! AMO VOCÊ, TCHAU! — E desligou. Então sorriu, feliz por aquela se revelar uma

manhã tão produtiva em termos de transmitir mensagens inspiradoras.

O nome dele era Jim McGreevey, ex-governador de Nova Jersey. Um homem rigoroso.

— Jamais perdoei ninguém — contou McGreevey.
— Como o processo de perdão funciona? — perguntei.
— O escritório do procurador-geral faz uma recomendação — respondeu Jim. — Eles entram em contato com o procurador do condado, que entra em contato com o agente de condicional da pessoa que é considerada para receber o perdão, e o agente faz uma recomendação oficial ao governador. Que era eu.

Imaginei os prisioneiros nas celas, se concentrando nas cartas para Jim, imaginando desesperadamente qual seria a melhor forma de explicar suas circunstâncias atenuantes. O que o atrairia? O que chamaria a atenção do governador?

— Consegue se lembrar de alguma das histórias? — indaguei.
— Jamais ouvi falar de nenhum deles.
— Nem mesmo *olhou*?

Jim fez que não com a cabeça.

— Você era como um juiz — afirmei.
— Eu era um democrata do movimento lei e ordem — respondeu Jim.

•

Bill e Hillary Clinton fizeram campanha a favor de Jim em 2001. Ele era jovem, bonito, casado e tinha duas filhas lindas. Teve uma vitória avassaladora e conquistou seu lugar no coração da poderosa elite de Nova Jersey — "o mais perto", conforme Jim descreveria o estado em suas memórias mais tarde, "do cruel principado de Veneza de Maquiavel quanto qualquer lugar na terra". Era um local no qual "reuniões políticas começavam com um forte abraço", para que os que abraçavam pudessem sorrateiramente verificar um ou outro em busca de uma escuta escondida. "Uma revista entre amigos de Nova Jersey." Agora, Jim tinha uma casa de praia, um helicóptero, uma equipe de cozinheiros e Drumthwacket, a mansão do governador.

Drumthwacket

Jim se considerava incrível. Ele era inviolável. Isso foi logo depois do 11 de Setembro. O governador aparecia em lugares como o escritório do *Bergen Record* — o jornal regional do norte de Nova Jersey — e tagarelava, e dava ordens aos jornalistas, fazendo pronunciamentos grandiosos como: "Não seremos negligentes com a segurança. Até mesmo empregamos um conselheiro de segurança das Forças de Defesa Israelenses. O melhor dos melhores." Então, ele saía andando, pensando em como tinha ido bem, sem saber que o conselho editorial do *Bergen Record* estava agora imaginando por que diabos o governador de Nova Jersey empregara um homem das Forças de Defesa Israelenses como consultor de segurança local.

•

Quando menino, Jim se deitava na tenda no acampamento de verão e:
— Pensava estar ouvindo as pessoas na outra tenda me chamando de bicha, e então percebia que estavam mesmo.
— Jim mexeu seu café. — É engraçado como essas coisas marcam sua vida.
— Marcam, sim — concordei. — Minha vida entre 15 e 16 anos não sai da minha cabeça.
Então nos olhamos — eu e Jim —, dois homens de meia-idade em um café de Nova York.

Jim cresceu, estudou na Universidade de Columbia e, em algumas noites, caminhava da 116th Street até o Meatpacking District para olhar pelas janelas dos bares gays. Mas não tinha coragem de entrar, então voltava para a 116th Street.

Ele cresceu e se tornou promotor-assistente — um "promotor de promotor" — e prefeito de uma cidade. Lia livros sobre como parar de ter pensamentos homossexuais. Como membro da assembleia do estado, votou contra o casamento gay.

Ele perdeu a primeira eleição para governador por apenas 27 mil votos. Quando fazia campanha pela segunda vez, fez uma viagem diplomática para Israel, onde acabou almoçando em alguma cidade rural. O homem sentado ao lado de Jim se apresentou. Seu nome era Golan, disse, e trabalhava para o prefeito local.

— Segui sua campanha de perto — contou Golan a Jim. — Vinte e sete mil votos é uma margem muito pequena.

Jim se sentiu, conforme escreveria mais tarde, "mais lisonjeado do que em qualquer momento de sua vida. Ninguém se lembra das estatísticas demográficas de um político do outro lado do mundo".

Ele se apaixonou por Golan, e prometeu-lhe que, se fosse para Nova Jersey, ganharia um cargo importante, como conselheiro especial do governador. Golan concordou e, ao chegar aos Estados Unidos, exigiu um escritório particularmente luxuoso que tinha sido entregue a outro membro da equipe. Jim deu a Golan o escritório.

•

Algumas semanas depois da visita de Jim ao *Bergen Record*, o jornal publicou um perfil do membro israelense inesperado da equipe, referindo-se a Golan como um "marinheiro" (ele fora da marinha israelense) e um "poeta" (ele tinha escrito uma coletânea de poemas no ensino médio). Jim temia que estivessem usando palavras codificadas, mas não tinha certeza, e não podia falar com ninguém a respeito daquilo. A equipe dele agia como se nada estivesse diferente, mas isso não significava que nada estava diferente.

— As pessoas não dizem para governadores coisas que acham que governadores não querem ouvir — disse Jim.

Jim se distanciou de Golan. Disse a ele que precisava que se demitisse pelo bem da administração. Golan ficou arrasado, pois visualizara uma excelente carreira na política americana, e agora o governador o jogava na fogueira para salvar a própria carreira.

Semanas depois, uma carta chegou. Era do advogado de Golan, que ameaçava processar Jim por abuso sexual e assédio.

— Quando recebi aquela carta, tive uma visão da cristaleira da minha avó — contou Jim. — E toda a porcelana estava simplesmente se quebrando.

Depois de três anos no poder, estava tudo acabado para Jim. Ele convocou uma coletiva de imprensa.

— Sou um americano gay — anunciou Jim.

Ele confessou o caso, renunciou ao governo, saiu da vida pública, se internou na Meadows, uma clínica do Arizona, e foi diagnosticado com Transtorno de Estresse Pós-Traumático.

•

— Você conheceu James Gilligan? — me perguntou Jim, no restaurante. — Ah, *adoro* Gilligan. Adoro Gilligan.

Na verdade, eu conheci James Gilligan logo no início de minha jornada — alguns dias depois de Jonah Lehrer ter feito o desastroso discurso de pedido de desculpas no almoço da Knight Foundation. Gilligan está no fim da meia-idade, tem o rosto preocupado, os cabelos escasseando e óculos de armação de metal, como psiquiatra da Costa Leste que é. Eu me sentei com ele no pátio do prédio dele no West Village, em Nova York. Gilligan deve ser o cronista mais bem-informado do mundo a respeito do que uma humilhação pode fazer com a vida íntima de alguém, e é por isso que se opõe tanto ao renascimento da humilhação nas mídias sociais. Eu queria entender como ele transformou isso no trabalho da sua vida.

Nos anos 1970, contou Gilligan, ele era um jovem psiquiatra na Escola de Medicina de Harvard que passava os dias "tratando neuróticos de classe média como você e eu". Estava totalmente desinteressado na estranha epidemia que ocorria nas prisões e nas instituições psiquiátricas de Massachusetts de "suicídios, homicídios, rebeliões, tomada de reféns, incêndios e tudo o que se possa imaginar que fosse perigoso. Prisioneiros eram mortos, policiais eram mortos, visitantes eram mortos. Estava totalmente fora de controle durante toda a década de 1970. Havia um assassinato por mês por prisão, e um suicídio a cada seis semanas".

Os presidiários engoliam lâminas e cegavam e castravam a si mesmos e uns aos outros. Um juiz do Tribunal Distrital dos Estados Unidos, W. Arthur Garrity, ordenou que o Departamento de Correções desvendasse o caos com a ajuda de uma equipe de psiquiatras investigativos. Gilligan foi convidado a liderar o grupo. Ele concordou, mas não se sentia muito esperançoso, pois presumia que os praticantes da violência nas prisões fossem psicopatas.

— Eu tinha aprendido que psicopatas simplesmente nasciam daquela forma — contou Gilligan —, e que só querem manipular você para conseguir uma pena reduzida. Gilligan os imaginava como seres de outra espécie. E foi exatamente assim que aparentaram ao psiquiatra quando ele entrou pela primeira vez no Bridgewater State Hospital for the Criminally Insane.

— Um dos primeiros homens que conheci tinha sido cafetão em uma área carente de Boston — disse Gilligan.

— O cara matou algumas das garotas que trabalhavam para ele, e também outras pessoas. Matou muita gente na comunidade antes de finalmente ser preso. Então, colocaram-no em uma cela na delegacia de Charles Street para aguardar julgamento. E o homem imediatamente matou um dos presos de lá. Aí disseram: "Ele é violento demais para aguardar julgamento na delegacia. Precisamos enviá-lo a Walpole, a prisão de segurança máxima." E ele matou alguém *lá*. Foi quando o conheci. O homem parecia um zumbi. Estava mudo, bastante paranoico, não era excessivamente psicótico, mas claramente anormal. Todos morriam de medo dele. Pensei: "Esse cara não tem tratamento." Mas precisávamos manter as pessoas a salvo. Desse modo, nós o colocamos em um prédio-dormitório trancado e, durante o dia, eu disse aos funcionários do lugar: "Criem uma parede invisível ao redor dele. Fiquem a dois metros dele. Não o encurralem. Se o encurralarem, poderão se ferir."

E assim as coisas permaneceram por um tempo. Mas, por fim, o homem — e outros como ele — se abriram um pouco com Gilligan. E o que lhe contaram foi uma grande surpresa.

— Todos eles diziam que tinham morrido. Esses eram os incorrigivelmente violentos. Todos diziam que eles mesmos tinham morrido antes de começarem a matar outras pessoas. O que queriam dizer era que suas personalidades haviam morrido. Eles se sentiam mortos por dentro. Não tinham capacidade de sentir. Nenhuma emoção. Nem mesmo sensações físicas. Então, alguns se cortavam. Ou se mutilavam das maneiras mais terríveis. Não porque se sentissem culpados, aquilo não era penitência pelos pecados deles, mas porque queriam ver se eram *capazes* de sentir algo. Achavam o torpor interno mais atormentador do que qualquer dor física.

Gilligan encheu blocos de anotações com observações sobre as entrevistas com os homens. Ele escreveu: "Alguns me contaram que se sentem como robôs ou zumbis, que seus corpos são vazios ou cheios de palha, não carne e osso, e, em vez de terem veias e nervos, têm cordas ou cabos. Um presidiário me contou que se sente como 'comida que está se decompondo'. As almas desses homens não apenas morreram. Eles têm almas assassinadas. Como isso aconteceu? Como foram assassinadas?"

Era esse o mistério que ele fora convidado a resolver dentro das prisões e dos hospícios de Massachusetts, sentia Gillian.

E um dia ele se deu conta do que causava aquilo. "O fato de que guardavam um segredo era universal entre os criminosos violentos", escreveu Gilligan. "Um segredo crucial. E esse segredo era que se sentiam envergonhados — profundamente envergonhados, cronicamente envergonhados, extremamente envergonhados." Era a vergonha, sempre. "Ainda não vi um ato sério de violência que não tenha sido provocado pela experiência de se sentir envergonhado ou humilhado, desrespeitado e ridicularizado. Quando crianças, esses homens levaram tiros, machadadas, foram escaldados, espancados, estrangulados, torturados, drogados, passaram fome, foram sufocados, incendiados, defenestrados, estuprados ou prostituídos por mães que eram as suas cafetinas. No caso de outros, somente palavras envergonhavam e rejeitavam, insultavam e humilhavam, desonravam e desgraçavam, destruíam sua autoestima e assassinavam suas almas." Para cada um deles, a humilhação "ocorria em uma escala tão extrema, tão bizarra e tão frequente que não se pode deixar de ver que os homens que ocupam a ponta extrema desse contínuo de comportamento violento na fase adulta ocupavam a ponta igualmente extrema do contínuo da violência física contra crianças no início da vida".

Então eles cresceram e — "toda violência é a tentativa de uma pessoa de substituir a vergonha pela autoestima" — assassinaram pessoas. Um presidiário contou a Gilligan: "'Você não acreditaria em quanto respeito se ganha ao apontar uma arma para a cara de alguém.' Para homens que passaram a vida em um regime de escárnio e desprezo, a tentação de conquistar um momento de respeito dessa forma pode valer muito mais do que o custo de ser preso ou até mesmo de morrer."

E depois de serem presos, as coisas pioravam. Em Walpole — a prisão mais propensa a rebeliões durante os anos 1970 — os policiais intencionalmente alagavam celas e colocavam insetos na comida dos prisioneiros. Obrigavam os presos a deitar de barriga para baixo antes de poderem comer. Algumas vezes, os policiais diziam aos prisioneiros que eles tinham visita. Os homens quase nunca recebiam visitas, então era animador ouvir isso. Então o policial dizia que não havia visita alguma, e que ele estava apenas brincando. E assim por diante.

— Eles achavam que essas coisas seriam uma forma de fazer com que os presos obedecessem — contou Gilligan. — Mas o efeito era exatamente o oposto: estimulava a violência.

— Todos os assassinos contaram isso a você? — perguntei. — Que o sentimento de vergonha os levou a matar?

— Fiquei espantado com o quanto era universal — respondeu o psiquiatra. — Ao longo de décadas.

— E quanto àquele cafetão de Boston? Qual era a história dele?

— A mãe achava que ele estava possuído pelo diabo, então fazia cerimônias de vodu e exorcismos num porão totalmente escuro, e ele morria de medo. Cagava nas calças. Com certeza não era amado no sentido normal. A mãe lhe dera uma identidade negativa, de que o diabo estava dentro dele, então o garoto se comportava de acordo com isso. — Gillian fez uma pausa. — Alguns deles demoraram para confessar para mim. É vergonhoso precisar admitir que sentimos vergonha. Aliás, estamos usando a palavra "sentimento". O "sentimento" de vergonha. Acho que "sentimento" é a palavra errada.

Pode ser de certa forma paradoxal se referir à vergonha como um "sentimento", porque embora a vergonha seja inicialmente dolorosa, a humilhação constante leva à morte dos sentimentos. A vergonha, como o frio, é, essencialmente, a ausência de calor. E quando chega a uma intensidade insuportável, ela é vivida, como o frio, como uma sensação de torpor e morte. [No *Inferno*, de Dante] o menor círculo do inferno era uma região não de chamas, mas de gelo — frieza absoluta.

— James Gilligan, *Violence: Reflections on our Deadliest Epidemic* [Violência: reflexões sobre nossa epidemia mais mortal], 1999.

— E, por fim, entendi — disse Gilligan. — Uma das palavras que usamos para vergonha insuportável é mortificação. "Estou mortificado."

•

Seus corpos são vazios ou cheios de palha, não carne e osso, e em vez de terem veias e nervos, têm cordas e cabos.

Conforme Gilligan me dizia isso, me lembrei de um momento da destruição de Jonah Lehrer. Foi quando o escritor, de pé diante daquela imensa tela com os tuítes, tentava pedir desculpas. Ele parecia profundamente desconfortável, pois é o tipo de pessoa que acha que exibições de emoções são muitíssimo vergonhosas.

— Espero que, quando contar a minha filha a mesma história que acabei de contar a vocês — dizia ele —, eu seja uma pessoa melhor...

Ele está com o nome sujo para sempre como escritor, respondiam os tuítes. *Não provou que é capaz de sentir vergonha. Jonah Lehrer é uma droga de um sociopata.*

Mais tarde, quando Jonah e eu conversávamos sobre aquele momento, ele me contou que precisou "desligar um interruptor emocional dentro de mim. Acho que precisei desligar".

O homem tinha uma casa em Hollywood Hills e uma esposa que o amava. Tinha autoestima suficiente para superar aquilo. Mas creio que, diante da enorme tela do Twitter, ele sentiu por um momento o mesmo torpor que os prisioneiros de Gilligan descreveram. Eu também o senti. Sei muito bem o que Jonah e Gilligan quiseram dizer quando falaram de desligamenrto — daquele momento em que a dor se transforma em torpor.

•

James Gilligan teve uma vida proeminente. O presidente Clinton e o secretário-geral da ONU, Kofi Annan, o indicaram para participar de comitês de consulta nas causas contra a violência. Martin Scorsese baseou nele o personagem de Ben Kingsley em *A ilha*. Mas, apesar de todas as honrarias, deixei seu apartamento achando que ele não considerava o trabalho de uma vida inteira um sucesso. Houve uma época em que Gilligan poderia ter mudado completamente o modo como os Estados Unidos tratavam seus transgressores. Mas isso não aconteceu.

Esse é o motivo. Ao longo dos anos 1980, o psiquiatra conduziu comunidades terapêuticas experimentais dentro das prisões de Massachusetts. Não eram particularmente radicais. A questão era apenas "tratar os prisioneiros com respeito", contou Gilligan, "dar às pessoas uma chance de expressar o luto e a esperança, os desejos e os medos". A questão era criar um ambiente que erradicasse a vergonha por completo. "Tínhamos um psiquiatra que se referia aos presidiários como lixo. Eu disse a ele que jamais queria vê-lo de novo. Não era ape-

nas antiterapêutico para os pacientes, era perigoso para nós." A princípio, os agentes penitenciários ficaram desconfiados, "mas, por fim, alguns começaram a invejar os presidiários", falou Gilligan. "Muitos deles também precisavam de alguma ajuda psiquiátrica. Eram pessoas malremuneradas, de pouca educação. Conseguimos colocar alguns deles sob tratamento. Então se tornaram menos ofensivos e dominadores. E o nível de violência caiu espantosamente."
Mesmo casos aparentemente sem solução foram transformados, segundo Gilligan. Até o cafetão de Boston.

— Depois que ele entrou em nosso programa, conheceu um jovem de 18 anos com um grave retardo mental. O rapaz mal conseguia amarrar os cadarços. Então o cafetão cuidou dele. Começou a protegê-lo. Ele o levava ao refeitório e o buscava. Certificava-se de que os demais prisioneiros não o machucariam. Eu pensava: "Graças a Deus. Esse pode ser o caminho desse cara de volta à humanidade." Disse à equipe: "Não se metam nisso." O relacionamento deles cresceu e amadureceu. E o homem tem uma vida agora. Não toca em um fio de cabelo de ninguém há 25 anos. Age como um ser humano comum. Não irá a lugar algum, pois não é normal o suficiente para um dia voltar a viver em comunidade. Mas ele não gostaria disso. Sabe que não conseguiria sobreviver. Não tem recursos psicológicos, o autocontrole. Mas reconquistou um grau de humanidade que eu jamais achei ser possível. Ele trabalha no hospital psiquiátrico da prisão. Ajuda outras pessoas. E quando volto para visitar, ele sorri e diz: "Oi, Dr. Gilligan, como vai?" — Gilligan fez uma pausa. — Eu poderia contar centenas de histórias assim. Tínhamos homens que haviam se cegado ao bater com a cabeça contra a parede.

Em 1991, Gilligan começou a cooptar professores de Harvard para que doassem seu tempo dando aulas dentro das prisões. O que poderia ser mais "des-humilhante" do que um programa educacional? O plano dele coincidiu com a eleição de um novo governador, William Weld. Weld foi questionado a respeito da iniciativa de Gilligan em uma das primeiras coletivas de imprensa.

— Ele disse: "Precisamos impedir essa ideia de dar educação superior gratuita para presidiários, ou as pessoas que são pobres demais para fazer faculdade vão começar a cometer crimes para poderem ser enviadas à prisão por uma educação gratuita."
E esse foi o fim do programa educacional.
— Ele o dizimou — afirmou Gilligan. — Ele o desacreditou. Como eu não queria liderar uma farsa, pedi demissão.

Conforme os anos se passaram, o psiquiatra se tornou uma figura nostálgica para aqueles a favor da reforma carcerária. Apenas um punhado de grupos de terapia inspirados nos dele, de Massachusetts, existem em prisões americanas hoje. E, na verdade, um deles fica no último andar do Centro Correcional do Condado de Hudson, em Kearny, Nova Jersey. E é discretamente gerenciado pelo antigo governador de Nova Jersey, Jim McGreevey.

•

Os andares mais baixos, não utilizados para fins terapêuticos, do Centro Correcional do Condado de Hudson tem paredes em tons de bege e marrom — como as partes feias de uma repartição pública. Lá embaixo é onde Nova Jersey mantém os suspeitos de crimes de imigração. Em novembro de 2012, o Centro Correcional foi considerado uma das dez piores instalações de detenção de imigração nos Estados Unidos, de acordo com um relatório da Rede de Observação de Detenções. Alguns dos agentes do lugar, de acordo com relatos, chamam os detentos de "animais", riem deles e os submetem a revistas íntimas desnecessárias. O relatório acrescentava: "Muitos imigrantes também repararam que agentes penitenciários pareciam levar os problemas pessoais para o trabalho, descontando neles a frustração e o ódio."

— TODO DIA É UM DIA ABENÇOADO! — gritou Jim para um suspeito de crime de imigração que limpava o chão.

O homem, parecendo assustado, sorriu, hesitante.

Continuamos andando — para além dos presidiários que estavam apenas sentados ali, olhando para paredes.

— A prisão normal é uma punição no pior dos sentidos — disse Jim. — É como um ferimento na alma. Dia sim, dia não, as pessoas se veem fazendo basicamente nada em um ambiente muito negativo.

Pensei em Lindsey Stone, sentada à mesa da cozinha, durante quase um ano, encarando as humilhações virtuais de pessoas como ela.

— As pessoas se distanciam de si mesmas — falou Jim. — Presidiários já me disseram diversas vezes que se sentem como se estivessem se fechando, construindo um muro ao redor de si mesmos.

Nós entramos em um elevador. Um presidiário já estava dentro dele. Todos ficaram em silêncio.

— Todo dia é um dia abençoado — disse Jim.

Mais silêncio.

— Cuidado com o caráter! Ele se torna seu destino! — afirmou o ex-governador.

Chegamos ao último andar. As portas se abriram.

— Pode ir primeiro — disse Jim.

— Ah, não, por favor, você primeiro — respondeu o detento.

— Não, você — insistiu Jim.

— Ah, não, você — disse o detento.

Todos ficamos ali. O detento saiu primeiro. Jim me deu um sorriso de felicidade.

No dia em que o conheci — quando ele gritou "ESTUDE MUITO MATEMÁTICA!" para o filho assustado de um estranho — achei que fosse um pouco doido. Mas, em algum momento, ele se tornara heroico para mim. Eu estava pensando em uma mensagem que surgira na enorme tela com a os tuítes atrás da cabeça de Jonah: *Ele está com o nome sujo para sempre como escritor*. E uma mensagem direcionada a Justine Sacco: *Seu tuíte vive para sempre*. A expressão *para sempre* surgiu diversas vezes durante meus dois anos conversando com os publicamente humilhados. Jonah, Justine e gente como eles ouviam: "Não. Não tem jeito. Não tem volta. Não oferecemos perdão algum." Mas sabemos que as pessoas são complicadas e têm defeitos, talentos e pecados. Então, por que fingimos que somos perfeitos?

Em meio ao seu sofrimento, Jim McGreevey vinha tentando uma coisa extraordinária.

Diante de nós estava um enorme dormitório trancado. Dentro havia quarenta mulheres. Essa era a unidade terapêutica de Jim. Esperamos até que alguém nos permitisse entrar. Diferentemente do andar de baixo, de acordo com Jim, aquelas mulheres "acordam às 8h30 da manhã. Todas têm afazeres. Todas trabalham. Todas recebem tarefas físicas. Então há os workshops — sobre abuso sexual, violência doméstica, controle da raiva; depois o almoço, então à tarde elas se concentram em treinamento profissional, tarefas domésticas. Há livros. Há bolo. Há a biblioteca. Depois as mães podem ler histórias para os filhos dormirem pelo Skype".

Havia lampejos de um dia de verão pelas janelas, e, quando uma agente penitenciária nos deixou entrar, ela disse que a tensão estava alta porque é nos dias quentes que uma pessoa se sente encarcerada de verdade.

Jim reuniu as mulheres em um círculo para uma reunião de grupo. Eu não pude gravar a conversa, por isso apenas consegui escrever fragmentos de falas, como: "... venho de uma cidade pequena, então todos sabem onde estou, e isso acaba comigo por dentro..." e "... a maioria das pessoas sabe por que *Raquel* está aqui...".

Diante disso, algumas mulheres olharam para aquela que presumi ser Raquel. Seus olhares pareciam cautelosos e respeitosos. Basicamente todas as detentas ali estavam presas por envolvimento com drogas ou prostituição. Mas o comentário e os olhares me fizeram pensar que Raquel fizera algo diferente.

O olhar dela percorreu a sala. Mexia-se bastante, desconfortável. As outras mulheres estavam mais quietas. Imaginei o que Raquel tinha feito, mas não sabia o protocolo de como perguntar. Porém, assim que a reunião acabou, ela logo disparou pela sala em minha direção e me contou tudo. Eu, de alguma forma, consegui anotar cada detalhe — escrevendo freneticamente, como uma secretária do programa *Mad Men*.

— Nasci em Porto Rico — disse ela. — Fui vítima de abuso sexual desde os 4 anos. Quando tinha 6, nos mudamos para Nova Jersey. Toda lembrança que tenho da infância é de ser socada na cara e ouvir que era inútil. Quando eu tinha 15 anos, meu irmão quebrou meu nariz. Aos 16, tive o primeiro namorado. Três meses depois, eu estava casada. Comecei a fumar maconha, beber. Traí meu marido. Eu o deixei. Os 18 e os 19 anos foram como um borrão. Experimentei heroína. Graças a Deus não tenho uma personalidade propensa ao vício. Bebia sem parar. Íamos a bares, esperávamos que as pessoas saíssem, levávamos o dinheiro delas e debochávamos de como gritavam. De repente, puta merda, fico grávida. Estou grávida da única coisa que um dia vai me amar. Meu filho nasceu no dia 25 de janeiro de 1996. Frequentei a faculdade de administração, larguei. Tive uma filha. Nos mudamos para a Flórida. Na Flórida, fazíamos guerra de água, noites de filmes. Eu comprava as comidas preferidas deles, despejava na cama e nós deitávamos ali para ver filmes até cairmos no sono. Jogávamos beisebol na chuva. Meu filho ama comédia, teatro; ele canta. Venceu um show de talentos quando tinha 14 anos. Eu o obrigava a fazer o dever de casa várias vezes. Costumava obrigá-lo a escrever relatórios de cinco páginas, ler enciclopédias. Eu o empurrei para fora da cama quando tinha 14 anos e bati nele. Uma garota tinha enviado uma mensagem de texto para o meu filho: "Você é virgem?" Perdi o controle. Eu o espanquei. Deixei marcas de unha.

Dez meses atrás, Raquel mandou os filhos para passarem as férias com o pai na Flórida. Ela os observava descerem o túnel na direção do avião quando o filho de repente se virou e gritou:
— Quer apostar que eu não volto? — Então, acrescentou: — Brincadeira.
Raquel gritou de volta para ele:
— Quer apostar que você não entra nesse avião?
O filho andou mais um pouco. Então gritou de volta:
— Nós devíamos mesmo fazer essa aposta.
— E foi a última coisa que ele me disse — contou Raquel.

Naquela sexta-feira, o Conselho Tutelar apareceu na casa de Raquel. O filho a acusava de maus-tratos.
— Ele costumava me perguntar se podia ficar fora de casa até as 21h — disse Raquel. — Eu dizia que não. Ele perguntava por que não. Eu respondia: "Há pessoas lá fora que podem machucar você." Mas eu o estava machucando mais do que qualquer um. Graças a Deus os dois saíram de perto de mim daquela vez. Ele está seguro. Tem a oportunidade de ser um adolescente. É um garoto muito revoltado porque eu o fiz ser dessa forma. Minha filha é muito tímida, reservada, porque eu a fiz ser dessa forma. Eu apenas rezo para que sejam normais.

Durante os primeiros meses de encarceramento, Raquel ficou embaixo, em um andar não terapêutico.
— Como era? — perguntei.

— Lá embaixo é um caos — respondeu ela. — Beira a barbaridade. No andar de baixo, as garotas são golpeadas com as bandejas de comida. Uma delas decide que não gosta de você. Então a empurra para uma sala e vocês brigam, e quem quer que saia inteira ganha. Aqui em cima, comemos bolo de café. Assistimos à TV. Espalhamos livros pela mesa. É como se estivéssemos no refeitório de uma faculdade. É sofisticado!

Nesse momento houve uma comoção. Uma mulher atrás de nós tinha caído e estava tendo convulsões. Ela foi carregada em uma maca.

— Melhoras — gritaram algumas das outras para ela.

— Última chamada para os remédios — gritou um agente.

Jim e eu deixamos a prisão e caminhamos de volta para o carro dele.

— Quanto tempo acha que Raquel vai ficar na prisão? — perguntei a Jim.

— Saberemos mais informações em duas semanas. É quando devemos ter notícias do promotor. Meu palpite são mais alguns meses.

Jim disse que me contaria quando soubesse. Então ele me levou para a estação de trem.

Como não tive notícias de Jim, mandei-lhe um e-mail duas semanas depois: "Como ficaram as coisas para Raquel?"

Jim respondeu: "Ela recebeu notícias difíceis ontem. Uma indiciação de oito acusações. Está com feridas emocionais profundas."

Liguei para ele.
— Do que a estão acusando? — quis saber.
— Tentativa de assassinato em primeiro grau. — Jim parecia abalado. — Ela atirou uma faca no filho. Vão tentar uma sentença de vinte anos de prisão.

•

Seis meses depois, três pessoas estavam sentadas na câmara do conselho da prefeitura de Newark: eu, Jim e Raquel. Jim interviera. Os promotores foram persuadidos de que ela era vítima de um "ciclo de abusos". Então, em vez de vinte anos, serviu mais quatro meses e a deixaram sair em liberdade.
— Se a humilhação funcionasse, se a prisão funcionasse, então daria certo — disse Jim. — Mas não funciona.
— Ele fez uma pausa. — Olhe, tem gente que precisa ir para a cadeia para sempre. Alguns são incapazes... mas a maioria...
— É desorientador — disse eu — que o limite entre o inferno e a redenção no sistema de justiça americano seja tão tênue.
— São os defensores públicos que estão sobrecarregados e os promotores que seguem orientações — comentou Jim.

Este foi um livro sobre pessoas que, na realidade, não fizeram muita coisa errada. Justine e Lindsey certamente foram destruídas por nada além de contarem piadas ruins. E, enquanto estávamos ocupados negando perdão a elas, Jim trabalhava em silêncio na salvação de alguém que havia cometido uma ofensa muito mais séria. Percebi que, se a "des-humilhação" funcionasse para um turbilhão de violência como Raquel, se recuperasse alguém como ela a um estado saudável, realmente precisaríamos pensar duas vezes antes de usar vingança e ódio como nossa reação padrão.

Não havia liberdade sem restrições para Raquel. Ela foi proibida de ter contato com os filhos por cinco anos. O filho teria 22 anos então, e a filha, 17.

— Quer dizer, mesmo quando ela tiver 17, qualquer contato terá que ser aprovado pelo pai — contou-me Raquel —, porque meus direitos de mãe foram revogados.

— Mas, mesmo assim, ela recebe notícias. — Meus amigos da Flórida ainda são amigos deles. Minha amiga na verdade me ligou ontem e falou: "Você nunca vai adivinhar quem está conversando comigo pelo Facebook agora mesmo." Eu falei: "Quem?" Ela respondeu: "Sua filha." E eu disse: "Não acredito!" Minha filha estava enviando mensagens para ela, e minha amiga estava sentada ali, lendo as mensagens para mim. Então, pelo visto, minha filha tem uma quedinha por alguém. Ele tem uma covinha no queixo. Tem cabelos castanho-claros...

Falei para Raquel que era legal vê-la com um humor tão bom. Foi quando ela me deu a notícia:

— Ontem, quando acabou a sessão de grupo, a Srta. Blake me chamou ao escritório dela.

A Srta. Blake era a gerente da casa de transição de Raquel.

— Ela disse: "Raquel, vi como você se comporta, como todos a ouvem. Quero oferecer uma vaga aqui. Pode me dar seu currículo?" "Por sorte, tenho um currículo bem aqui", respondi. E perguntei em seguida: "Srta. Blake, isso está mesmo acontecendo?"

E a srta. Blake assentiu.

•

Recebi uma ligação da equipe de Michael Fertik. Eles estavam prontos para começar com Lindsey Stone.

14

GATOS, SORVETE E MÚSICA

— Você tem algum hobby do qual goste muito? Maratonas? Fotografia? — Farukh Rashid, de São Francisco, falava por teleconferência com Lindsey Stone.

Eu ouvia do meu sofá, em Nova York. Conheci Farukh meses antes, quando a relações-públicas de Michael, Leslie Hobbs, fez um tour comigo pelo escritório da reputation.com — dois andares de espaço aberto, com cabines à prova de som para as ligações importantes para clientes famosos. Ela me apresentou a Farukh e explicou que ele costuma trabalhar com os clientes VIP de Michael — os CEOs e as celebridades.

— É legal da parte de vocês dar a Lindsey o serviço customizado — comentei.

— Ela precisa — respondeu Leslie.

E precisava mesmo. Os estrategistas de Michael vinham pesquisando a vida virtual de Lindsey e não tinham descoberto nada a respeito dela além do incidente do Silêncio e Respeito.

— Aqueles cinco segundos da vida dela são toda a presença de Lindsey na internet? — indaguei.

Farukh assentiu.

— E não é apenas essa Lindsey Stone. Qualquer uma que tenha o mesmo nome passa por esse problema. Há sessenta Lindsey Stone nos Estados Unidos. Há uma designer em Austin, Texas; uma fotógrafa; até mesmo uma ginasta; e todas são definidas por aquela fotografia.

— Desculpe por ter dado a vocês uma tarefa tão difícil. — Porém, eu sentia um pouco de orgulho de mim mesmo.

— Ah, não, estamos animados — afirmou Farukh. — É um cenário desafiador, mas é ótimo. Vamos apresentar a internet à verdadeira Lindsey Stone.

— Gatos são importantes para você? — perguntava Farukh a Lindsey via teleconferência.

— Sem dúvida — disse ela.

Ouvi Farukh digitar a palavra "gatos" no computador. Farukh era jovem, energético, otimista e alegre, e sem um pingo de cinismo e ironia — e era essa a imagem que ele esperava conseguir para Lindsey. O perfil dele no Twitter dizia que gostava de "pedalar, caminhar e dedicar tempo à família". Seu plano era criar páginas no Tumblr e no LinkedIn para Lindsey Stone, blogs no WordPress, contas no Instagram e no YouTube para substituírem aquela fotografia horrível, afastá-la com uma onda de positividade, mandá-la para longe, para um lugar no Google em que pessoas normais não olham — um lugar como a página dois dos resultados de pesquisa. De acordo com a própria pesquisa do Google sobre os "movimentos dos olhos", 53% de nós não passa dos dois primeiros resultados de busca, e 89% de nós não passa da primeira página.

— A aparência da primeira página — contou o estrategista de Michael, Jered Higgins, durante o meu tour pelo escritório — determina o que as pessoas pensam de você.

Como escritor e jornalista — assim como pai e ser humano —, percebi que esse era um modo bastante assustador de ver o mundo.

— Sou apaixonada por música — contou Lindsey a Farukh. — Gosto de tudo o que toca na lista do Top 40.

— Isso é muito bom — disse ele. — Vamos trabalhar com isso. Você toca algum instrumento?

— Eu costumava tocar — respondeu Lindsey. — Meio que aprendi sozinha. É apenas algo com que gosto de mexer. Não é nada que eu... — De repente, Lindsey parou.

A princípio, ela parecia estar se divertindo com aquilo tudo, mas agora dava a impressão de estar envergonhada, como se a empreitada lhe provocasse pensamentos existenciais perturbadores, questionamentos como "Quem sou?" e "O que estamos fazendo?".

— Estou achando isso difícil — disse ela. — Como uma pessoa normal, não sei muito bem como... deixar minha marca on-line. Estou tentando pensar em coisas sobre as quais vocês possam escrever. Mas é difícil, sabe?

— Piano? Guitarra? Bateria? — sugeriu Farukh. — Ou viajar? Aonde costuma ir?

— Não sei. Vou para uma caverna. Para a praia. Compro sorvete.

A pedido de Farukh, Lindsey estava lhe enviando fotografias em que ela não aparecesse propositalmente exibindo o dedo médio para cemitérios militares. E também detalhes biográficos. O seriado preferido de Lindsey era *Parks and Recreation*. Seu histórico profissional incluía cinco anos no Walmart, "que foram horríveis, como se me sugassem a alma".

— Tem certeza de que quer dizer que o Walmart sugava a sua alma? — perguntou Farukh.

— Ah... O quê? Sério? — Lindsey gargalhou, como quem dissesse "Ora, todo o mundo sabe disso!". Mas então ela hesitou.

A videoconferência estava se mostrando uma experiência inesperadamente melancólica. Não tinha nada a ver com Farukh. Ele sentia mesmo muita pena de Lindsey e queria fazer um bom trabalho para ela. O triste era que Lindsey tinha sido alvo do ódio da internet porque fora imprudente, brincalhona, tola e sincera. E agora, ali estava, trabalhando com Farukh para se reduzir a banalidades seguras — a gatos, sorvete e música do Top 40. Estávamos criando um mundo onde o modo mais inteligente de sobreviver era ser desinteressante.

•

Houve uma época em que Michael Fertik não teria precisado ser tão calculista. Em meados dos anos 1990, mecanismos de busca só estavam interessados em quantas vezes uma palavra-chave aparecia em uma página. Para ser o primeiro termo de busca por Jon Ronson no AltaVista ou no HotBot, bastava escrever "Jon Ronson" diversas vezes. O que, para mim, seria o site mais incrível de encontrar, porém, para as outras pessoas, nem tanto.

Mas então, dois estudantes de Stanford, Larry Page e Sergey Brin, tiveram uma ideia. Por que não construir um mecanismo de busca que hierarquizasse os sites por popularidade? Se alguém criasse um link para sua página, um voto. Um link, imaginaram eles, seria como uma citação — uma marca de respeito. Se a página ligada à sua tivesse muitos links, então essa página contaria como mais votos. Uma pessoa benquista concedendo admiração a você vale mais do que algum solitário fazendo o mesmo. E foi isso. Eles chamaram a invenção de PageRank, em homenagem a Larry Page, e assim que rodaram o algoritmo, nós, pesquisadores novatos, ficamos encantados.

Era por isso que Farukh precisava criar páginas no LinkedIn, no Tumblr e no Twitter para Lindsey. Elas vinham com um PageRank embutido. O algoritmo do Google as pré-julga como bastante curtidas. Mas, para Michael, o problema com o Google é que o site está sempre evoluindo — ajustando o algoritmo de maneiras que são mantidas em segredo.

— O Google é um monstro complicado, e um alvo em movimento — contou ele. — Por isso, tentamos decifrá-lo, fazer engenharia reversa.

Eis o que Michael sabia naquele momento:

— O Google tende a gostar de coisas que são velhas. Parece achar que coisas antigas têm certa autoridade. E também tende a gostar de coisas novas. Com as intermediárias, na semana seis, semana doze, há um abismo.

E por isso a equipe de Michael previa que o amor de Lindsey por gatos ou o que fosse poderia alcançar "impacto inicial forte", seguido por "flutuações". E depois das flutuações: "reversão".

Os clientes de Michael temem a reversão. Não há nada mais desencorajador do que ver os resultados novos e legais sumirem para a página dois e os resultados antigos e horrorosos emergirem para o topo novamente. Mas a reversão, na verdade, é aliada deles, contou-me Jered Higgins. A reversão é quando se pensa que Glenn Close está morta e ela de súbito salta para fora da banheira, aparentemente cheia de um novo fervor violento, mas, na verdade, confusa, ferida e vulnerável.

— A reversão mostra que o algoritmo é incerto — disse Jered. — É o algoritmo revertendo as coisas e imaginando qual, de um ponto de vista matemático, é a história que precisa ser contada a respeito daquela pessoa.

E é durante essa incerteza, segundo Jered "que nós entramos e detonamos".

A detonação — o bombardeio do algoritmo com páginas do Tumblr sobre as viagens de Lindsey à praia, o espanto dessas agradáveis banalidades — precisa ser coreografada com muito cuidado. O Google sabe quando é manipulado. Alarmes soam.

— Então temos um cronograma estratégico para criação e publicação de conteúdo — disse Jered. — Criamos uma atividade on-line de aparência natural. Isso é resultado de bastante inteligência acumulada.

•

Michel Fertik me levou para jantar e conversou comigo sobre as críticas que as pessoas fazem "qualquer mudança dos resultados de pesquisa é manipulação da verdade e enfraquecimento da liberdade de expressão". Ele bebeu um gole de vinho.

— Mas há um enfraquecimento de comportamento que acompanha o linchamento virtual. Uma mudança de vida.

— Eu sei — respondi. — Por um ano, Lindsey Stone se sentiu atormentada demais para sequer cantar em um karaokê. — E karaokê é algo que se faz sozinho em uma sala, com os amigos.
— E essa não é uma reação incomum. As pessoas mudam o número do telefone. Não saem de casa. Fazem terapia. Têm sinais de TEPT. É como a Stasi. Estamos criando uma cultura na qual as pessoas se sentem constantemente vigiadas, na qual têm medo de serem elas mesmas.
— Como a Agência Nacional de Segurança.
— Isso é mais assustador do que a ANS — afirmou Michael. — A agência procura terroristas. Não sente um prazer psicossexual em observar os infortúnios dos outros.

O que pensar da analogia de Michael com a Stasi? Há um velho ditado da internet que diz que, assim que comparamos algo com o nazismo, perdemos a discussão. Talvez o mesmo possa ser dito a respeito da Stasi — a polícia secreta da Alemanha Oriental durante a Guerra Fria. Ela era capaz, afinal de contas, de entrar sorrateiramente nos lares de suspeitos de serem inimigos do estado e borrifar radiação neles enquanto dormiam. O objetivo era que a radiação fosse um mecanismo de rastreamento. Agentes da Stasi os seguiam em meio a multidões, apontando contadores Geiger para eles. Muitos suspeitos de serem inimigos do estado morreram de tipos incomuns de câncer durante o reinado da Stasi.

Mas a polícia secreta não servia apenas para infligir terror físico. O objetivo principal era criar a rede de vigilância mais elaborada da história. Não parecia irracional analisar minuciosamente esse aspecto da Stasi na esperança de que ele nos ensinasse algo sobe nossa rede de vigilância das redes sociais.

Na história da criação da Stasi de Anna Funder — *Stasilândia* —, ela entrevista uma mulher chamada Julia, que um dia foi chamada para interrogatório. A Stasi tinha interceptado cartas de amor entre ela e seu namorado ocidental. Sentaram-se à mesa do policial, na sala de interrogatório.

Havia uma pilha de cartas para o italiano e uma pilha de cartas de resposta para ela. Aquele homem sabia de tudo. Ele percebia quando Julia tinha dúvidas. Sabia por que tipo de conversa romântica ela se deixara levar. Via o desejo do namorado italiano exposto.

— Anna Funder, *Stasilândia*, Granta, 2003

Julia contou a Anna Funder que ela estava "psicologicamente perturbada" pelo incidente — o modo como o policial lera as cartas diante dela, fazendo comentários. "Deve ser por isso que reajo de modo tão extremo a abordagens de homens. Eu as vivencio como outra possível invasão à minha intimidade."

Anna Funder escreveu *Stasilândia* em 2003 — 14 anos depois da queda da Stasi e três antes da invenção do Twitter. É claro que nenhum burocrata curioso ou censurador interceptara as ideias particulares de Justine Sacco. Justine tuitara essas ideias, utilizando a ideia equivocada — a mesma que eu utilizei durante um tempo — de que o Twitter era um lugar seguro onde era possível dizer a verdade a respeito de si mesmo para estranhos. Aquela verdade tinha realmente provado ser um experimento idealista que dera errado.

Anna Funder visitou um policial da Stasi cujo trabalho fora cooptar informantes. Ela queria saber como — considerando que o salário de informantes era terrível, e que a carga de trabalho era extensa, com mais e mais comportamentos sendo redefinidos como atividades inimigas — ele conseguia persuadir as pessoas a concordarem.

— Na maioria das vezes, as pessoas diziam sim — contou ele.

— Por quê? — quis saber Anna.

— Alguns deles estavam convencidos da causa — disse o oficial. — Mas acho que, em grande parte, porque os informantes sentiam que eram alguém importante, sabe? Alguém os ouvia durante algumas horas toda semana, fazendo anotações. Eles sentiam que tinham algo para usar contra os outros.

Achei condescendente da parte do homem da Stasi dizer aquilo a respeito de seus informantes. E também seria algo condescendente de se dizer a respeito dos usuários do Twitter. As mídias sociais dão voz a pessoas que não a têm — o igualitarismo é sua maior qualidade. Mas fiquei impressionado com um relatório que Anna Funder descobriu, escrito por um psicólogo da Stasi incumbido de tentar entender por que estavam atraindo tantos informantes voluntários. A conclusão dele: "Era o impulso de se certificar de que o vizinho estava fazendo a coisa certa."

•

Em outubro de 2014, fui uma última vez visitar Lindsey Stone. Quatro meses tinham se passado desde que falara com ela ou com Farukh pela última vez — eu não ligara, e eles não tinham ligado para mim —, e considerando que só haviam aceitado Lindsey para me ajudar, eu me perguntava se talvez a coisa tivesse acabado sendo esquecida durante minha ausência.

— Ah, Deus, não — afirmou Lindsey. Estávamos sentados à mesa da cozinha dela. — Eles me ligam toda semana, sem falta. Não sabia?

— Não — respondi.

— Achei que vocês se falassem o tempo todo. — Lindsey pegou o celular, percorreu os inúmeros e-mails para Farukh e leu em voz alta algumas das postagens que a equipe dele tinha feito em seu nome, sobre como é importante, quando se viaja, usar o cofre do hotel — "Fiquem alerta, viajantes!" — E sobre como, se você está na Espanha, deve experimentar *tapas*.

Lindsey contou que podia pré-aprovar tudo, e só disse "não" a eles duas vezes — ao post sobre o quanto ela está ansiosa pelo próximo álbum de jazz de Lady Gaga ("Eu gosto de Lady Gaga, mas não estou realmente animada com o álbum de jazz") e ao tributo à Disneylândia na ocasião do quinquagésimo aniversário do parque: "Parabéns, Disneylândia! O lugar mais feliz da terra!"

— Parabéns, Disneylândia! — Lindsey corou. — Eu jamais... quer dizer, eu me diverti muito na Disney...

— Quem não se diverte? — falei.

— Mas, mesmo assim... — Lindsey se calou.

Depois de rirmos do post de parabéns à Disney, paramos de gargalhar e nos sentimos mal.

— Eles estão trabalhando tanto...
— E é o que eles devem fazer, Lindsey.
— Sim. Uma das minhas amigas do colégio falou: "Espero que ainda seja *você*. Quero que as pessoas saibam o quanto é engraçada." Mas é assustador. Depois de tudo o que aconteceu, o que é engraçado para mim... Não quero nem chegar perto daquele limite, muito menos ultrapassá--lo. Então, sempre me pego dizendo: "Não sei, Farukh, o que você acha?"
— Essa jornada começou com minha identidade sendo roubada por um *spambot* — contei. — Sua personalidade agora foi tomada por estranhos duas vezes. Mas, pelo menos, desta segunda vez é algo bom.

Lindsey não digitava o próprio nome no Google havia 11 meses. Na última vez, fora um susto. Era Dia dos Veteranos, e ela descobrira alguns ex-militares "imaginando onde eu estaria, e não de um jeito bom".
— Eles pretendiam rastrear você para poderem destruí-la de novo? — perguntei.
— É — disse Lindsey.
Ela não pesquisara desde então. E agora, engoliu em seco e começou a digitar: L... I... N...

Lindsey sacudiu a cabeça, chocada, e disse:
— Isso é incrível.
Dois anos antes, as fotos se espalhavam pelo horizonte da busca de imagens do Google — humilhação ininterrupta e em massa, "páginas e páginas e páginas", dissera ela, "repetindo-se infinitamente. Pareceu tão grande. Tão opressivo".

E agora: desaparecera.

Bem, quase. Ainda havia algumas delas, talvez três ou quatro, mas estavam intercaladas por várias fotografias em que Lindsey não fazia nada de ruim. Apenas sorria. Ainda melhor, havia muitas fotos de *outras* Lindsey Stone — mulheres que nem eram ela. Existia uma Lindsey Stone jogadora de vôlei, uma Lindsey Stone que era competidora de natação. A nadadora tinha sido fotografada em meio a uma braçada, momentos antes de vencer o campeonato de quinhentos metros livres do estado de Nova York. A legenda dizia: "Lindsay Stone colocou o plano certo em ação e tudo corria exatamente conforme o planejado."

Uma pessoa completamente diferente, fazendo algo que todos concordariam como algo bom e honrado. Não havia melhor resultado do que aquele.

15

SUA VELOCIDADE

Sempre tivemos alguma influência sobre o sistema judiciário, mas, pela primeira vez em 180 anos — desde que os troncos e os pelourinhos foram banidos —, temos o poder de determinar a severidade de algumas punições. Então, precisamos considerar o nível de impiedade com o qual nos sentimos confortáveis. Eu, pessoalmente, não participo mais do frenesi da condenação pública de ninguém, a não ser que a pessoa tenha cometido uma transgressão que tenha uma vítima de verdade; e mesmo assim, não tanto quanto eu provavelmente deveria. Sinto um pouco de falta da diversão. Mas parece a sensação de quando me tornei vegetariano. Sentia falta de bife, embora não tanto quanto imaginara, mas não podia mais ignorar o abatedouro.

Eu me lembrava de algo que Michael Fertik me dissera no Village Pub, em Woodside: "A maior mentira é 'A internet é sua'. Gostamos de pensar em nós mesmos como pessoas que têm escolha, gosto e conteúdo personalizado. Mas a internet não é nossa. É das empresas que dominam o fluxo de dados da internet."

E então me ocorreu: será que o Google ganhou dinheiro com a destruição de Justine Sacco? Será que um valor poderia ser calculado? Então, uni forças com um pesquisador especialista em números, Solvej Krause, e comecei a escrever para economistas, analistas e equipes de receita de publicidade on-line.

Algumas coisas eram conhecidas. Em dezembro de 2013, o mês da destruição de Justine, houve 12,2 bilhões de pesquisas no Google — um número que me fez sentir menos preocupado com a possibilidade de que as pessoas sentadas na matriz do Google me julgassem. A receita de publicidade da empresa naquele mês foi de 4,69 bilhões de dólares. O que significa que tinha ganhado em média 0,38 dólar a cada solicitação de pesquisa. Sempre que digitávamos qualquer coisa no Google, 38 centavos de dólar iam para a empresa. Desses 12,2 bilhões de pesquisas naquele mês de dezembro, 1,2 milhão era de pessoas pesquisando o nome de Justine Sacco. Então, tirando a média, a catástrofe de Justine arrecadou instantaneamente 456 mil dólares para a Google.

No entanto, não seria preciso simplesmente multiplicar 1,2 milhão por 0,38. Algumas pesquisas valem muito mais do que outras. Anunciantes apostam em termos de pesquisa de "alto retorno", como "Coldplay" e "joias" e "férias no Quênia". É bem possível que nenhum anunciante jamais tenha ligado seu produto ao nome de Justine. Porém, isso não quer dizer que o Google não tenha ganhado dinheiro com ela. Justine foi o *trending topic* número um no Twitter. A história dela reuniu usuários de mídias sociais mais do que qualquer outra naquela noite. Acho que aqueles que em outras circunstâncias não teriam entrado no Google o fizeram especificamente para procurar Justine. Ela atraiu as pessoas. E depois que estavam lá, tenho certeza de que pelo menos algumas delas decidiram reservar férias no Quênia ou baixar um álbum do Coldplay.

Recebi um e-mail do pesquisador de economia Jonathan Hersch. Ele tinha sido recomendado por aqueles que fazem o programa *Freakonomics Radio*, na rádio WNYC. O e-mail de Jonathan dizia o mesmo: "Algo sobre essa história chamou atenção das pessoas, tanto que se sentiram influenciadas a pesquisar o nome dela no Google. Isso significa que estavam comprometidas. Se o interesse em Justine era suficiente para encorajar usuários a permanecer on-line por mais tempo do que ficariam em outras circunstâncias, isso teria resultado diretamente em uma maior receita com publicidade para o Google. A empresa tem o lema corporativo informal de 'não seja mau', mas ganha dinheiro quando qualquer coisa acontece na internet, mesmo as ruins."

Na ausência de dados melhores do Google, Jonathan só poderia oferecer um cálculo estimado. Mas ele achou que seria apropriado — talvez apropriado demais — estimar o valor de Justine, como um "termo de busca de baixo valor", em um quarto da média. O que, se for verdade, significa que o Google recebeu 120 mil dólares com a destruição de Justine Sacco.

Talvez seja um número preciso. Talvez o Google tenha ganhado mais, talvez menos. Mas uma coisa é certa: aqueles de nós que participaram de fato de sua destruição não ganharam nada.

•

Desde o início, eu vinha tentando entender por que — uma vez descontadas as teorias de Gustave Le Bon e Philip

Zimbardo sobre vírus, contágio e o mal — a humilhação on-line é tão impiedosa. E agora acho que tenho a resposta. Eu a encontrei, entre todos os lugares, em um artigo sobre um esquema radical de apaziguamento de tráfego testado na Califórnia, no início dos anos 2000. A matéria — do jornalista Thomas Goetz — é fantasticamente obscura. Ele escreve a respeito de como, nas zonas escolares de Garden Grove, na Califórnia, os carros ignoravam as placas de limite de velocidade e atropelavam "ciclistas e pedestres com deprimente regularidade". Então, decidiu-se testar uma ideia: as placas de "sua velocidade".

Placa superior: Limite de velocidade 40km/h
Placa inferior: Sua velocidade: 43km/h

Após ler o artigo de Thomas Goetz sobre as placas de "sua velocidade", passei muito tempo tentando encontrar seu inventor. No fim das contas, era um fabricante de placas de estrada do Oregon chamado Scott Kelley.

— Lembro exatamente onde eu estava quando pensei nelas: na casa da minha namorada — contou Scott por telefone. — Eram meados dos anos 1990. Eu estava passando por uma zona escolar, e de repente surgiu na minha mente uma dessas placas em um poste.

— O que o fez pensar que elas funcionariam? — perguntei. — Não havia nenhum dado para sugerir que iriam funcionar.

— Certo — disse Scott. — E é aí que a coisa fica interessante.

As placas de fato, pela lógica, não deveriam ter funcionado. Conforme Thomas Goetz escreveu:

> As placas eram curiosas de algumas formas. Elas não diziam aos motoristas nada que eles já não soubessem — afinal de contas, existe um velocímetro em todos os carros. Se um motorista quisesse saber a própria velocidade, um olhar para o painel diria (...) E as placas de "sua velocidade" não vinham com algum aviso punitivo — nenhum policial de pé, pronto para emitir uma multa. Isso desafiava décadas de dogmas de aplicação de leis, os quais sustentavam que a maioria dos indivíduos obedece aos limites de velocidade apenas diante de alguma consequência negativa óbvia por ultrapassá-los.

Em outras palavras, policiais em Garden Grove estavam apostando que dar uma informação redundante aos motoristas, sem qualquer consequência, de alguma forma os levaria a fazer algo que poucos estão dispostos a fazer: reduzir a velocidade.

A ideia de Scott Kelley, por ser tão contraintuitiva, se provou um pesadelo de marketing. Nenhum policial de nenhuma cidade dos Estados Unidos estava comprando o produto. Então ele fez a única coisa que poderia ter feito — enviou amostras grátis para testes. Uma acabou no bairro dele.

— Eu me lembro de passar por ela de carro — disse Scott. — E reduzi a velocidade. Sabia que não havia câmera ali para fotografar. Mesmo assim, reduzi a velocidade. Só pensei: "Uau! Isso funciona mesmo!"

Após uma série de testes, os resultados foram iguais. As pessoas reduziam mesmo a velocidade — em uma média de 14%. E permaneciam em velocidade baixa por quilômetros ao longo da estrada.

— Então, por que as placas funcionam? — perguntei a Scott.

A resposta dele me surpreendeu:

— Não sei. Não sei mesmo. Eu... É. Não sei.

Scott explicou que, por ser uma pessoa da área de tecnologia, estava mais interessado no radar, na estrutura e nas luzes do que na psicologia. Mas, durante a última década, o mistério vem intrigando psicólogos sociais. E a conclusão deles: ciclos de feedback.

Ciclos de feedback. Você exibe certo tipo de comportamento (dirige a 43km/h em uma área de 40km/h). Recebe um feedback instantâneo por isso, em tempo real (a placa lhe diz que está dirigindo a 43km/h). Decide se vai ou não mudar o comportamento como resultado do feedback (você diminui a velocidade para 40km/h). Recebe feedback instantâneo para essa decisão também (a placa diz que você está dirigindo a 40km/h agora. Algumas placas exibem um emoticon sorridente para parabenizá-lo). E tudo acontece em um piscar de olhos — nos poucos segundos que você leva para passar de carro pela placa de "sua velocidade".

Na matéria de Goetz para a revista *Wired* — "Harnessing the Power of Feedback Loops" [Colhendo o poder dos ciclos de feedback] —, ele os chama de "uma ferramenta profundamente eficiente para modificação de comportamento. Sou muito a favor de as pessoas diminuírem a velocidade em zonas escolares, mas talvez, de outras formas, os ciclos de feedback estejam nos levando a um mundo que apenas pensamos que queremos. Talvez — conforme meu amigo documentarista Adam Curtis me disse por e--mail — estejam transformando as mídias sociais em "uma enorme câmara de eco, na qual aquilo em que acreditamos é constantemente corroborado por pessoas que acreditam na mesma coisa".

Expressamos nossa opinião de que Justine Sacco é um monstro. Somos imediatamente parabenizados por isso — por basicamente sermos Rosa Parks. Tomamos a decisão imediata de continuar acreditando nisso.

"Os utopistas da tecnologia, como as pessoas da Wired, apresentam isso como um novo tipo de democracia", continuava o e-mail de Adam. "Não é. É o oposto. Isso trancafia os indivíduos no mundo ao qual deram início e os impede de descobrir qualquer coisa diferente. Eles ficam

293

presos no sistema de corroboração pelo feedback. A ideia de que existe outro mundo, com outras pessoas que têm outras ideias, é marginalizada em nossas vidas."
Eu estava me tornando uma dessas outras pessoas, com outras ideias. Vinha expressando a crença impopular de que Justine Sacco não era um monstro. Imagino se receberei uma onda de feedback negativo por isso, e, se receber, será que vai me amedrontar a ponto de voltar atrás, para um lugar no qual sou parabenizado e bem-vindo? "O feedback é um princípio da engenharia", concluía o e-mail de Adam para mim. "E toda engenharia é dedicada a tentar manter estável aquilo que você está construindo."

Logo depois da humilhação de Justine Sacco, eu falava com um amigo, um jornalista, que me contou que tinha tantas piadas, pequenas observações, pensamentos potencialmente arriscados, que não ousaria postar mais na internet.

— Em relação às mídias sociais, tenho me sentido como se estivesse andando na corda bamba perto de um pai imprevisível, irritado e desequilibrado, que pode me bater a qualquer momento — disse ele. — É horrível.

Ele me pediu que não revelasse seu nome, só para o caso de seus comentários provocarem alguma reação.

Nós nos vemos como não conformistas, mas acho que tudo isso está criando uma era mais conformista, mais conservadora.

"Vejam!", dizemos. "SOMOS normais! ESSE é o normal!"

Estamos definindo os limites da normalidade ao destruirmos aqueles que estão fora dela.

BIBLIOGRAFIA E AGRADECIMENTOS

Uma observação sobre o título original, *So You've Been Publicly Shamed* [Então você foi publicamente humilhado]. Durante um tempo, seria simplesmente: *Shame* [Vergonha]. Ou *Tarred and Feathered* [Coberto de piche e penas]. Houve muita hesitação. Este foi um livro surpreendentemente difícil de nomear, e acho que sei por quê. Foi algo que um de meus entrevistados me disse: "A vergonha é uma emoção incrivelmente inarticulada. É algo no qual se mergulha, e não sobre o qual se fale com eloquência. É algo tão profundo, sombrio e feio que há poucas palavras para ela."

Meu encontro com os homens do *spambot* foi filmado por Remy Lamont, da produtora Channel Flip. Meu agradecimento a ele, a Channel Flip e, como sempre, a minha produtora, Lucy Greenwell. Greg Stekelman — formalmente conhecido como @themanwhofell — me ajudou a me lembrar de como o Twitter se transformou de um lugar de honestidade destemida em algo mais causador de ansiedade. Greg não utiliza mais o site. O último tuíte dele, postado em

10 de maio de 2012, dizia: "O Twitter não é lugar para um ser humano". O que considero pessimista. Ainda adoro o Twitter. Embora jamais tenha sido humilhado nele. Embora Greg também não tenha sido. Aquela frase sobre como não nos sentimos responsáveis durante uma humilhação porque "um floco de neve nunca se sente responsável pela avalanche" veio de Jonathan Bullock. Meu agradecimento a ele.

Reuni a história sobre como Michael Moynihan descobriu a enganação de Jonah Lehrer principalmente por minhas entrevistas com Michael — meu muito obrigado a ele e à esposa, Joanna —, embora algumas informações tenham vindo da matéria "Michael C. Moynihan, The Guy Who Uncovered Jonah Lehrer's Fabrication Problem" [Michael C. Moynihan, o cara que descobriu o problema de falsificação de Jonah Lehrer], de Foster Kamer, publicada no *New York Observer* em 30 de julho de 2012.

Minhas informações sobre Stephen Glass vieram de "No Second Chance for Stephen Glass: The Long, Strange Downfall of a Journalistic Wunderkind" [Sem segunda chance para Stephen Glass: a longa e estranha queda de um prodígio jornalístico], de Adam L. Penenberg, publicada em PandoDaily.com, em 27 de janeiro de 2014.

A história sobre a viagem de Jonah a St. Louis no dia anterior à sua humilhação veio de "Jonah Lehrer Stumbles at MPI" [Jonah Lehrer tropeça no MPI], de Sarah J. F. Braley, publicada em meetings-conventions.com, em 2 de agosto de 2012.

Em nossa entrevista por telefone, Jonah Lehrer falou comigo à exaustão e oficialmente. Depois de nossa entrevista ao telefone, no entanto, ele expressou suas preocupações a respeito de ser incluído no livro, dizendo que não queria fazer a esposa e a família passarem por tudo aquilo de novo. Mas a experiência de Jonah era vital e pública demais — e as lições aprendidas, valiosas demais — para ser deixada de fora.

Obrigado a Jeff Bercovivi, da revista *Forbes*, por me colocar em contato com a amiga dele, Justine Sacco.

A vida e o trabalho do juiz Ted Poe foram documentados ao longo dos anos pelo nêmesis dele, o acadêmico jurídico Jonathan Turley, em matérias como "Shame On You" [Que vergonha], publicada no *Washington Post* em 18 de setembro de 2005. Soube sobre os motoristas embriagados Mike Hubacek e Kevin Tunell ao ler "A Great Crime Deterrent" [Uma ótima prevenção de crimes], de Julia Duin, publicada em *Insight on the News*, em 19 de outubro de 1998, e "Kevin Tunell Is Paying $1 a Week for a Death He Caused and Finding the Price Unexpectedly High" [Kevin Tunell está pagando um dólar por semana pela morte que causou e acha o preço inesperadamente alto], de Bill Hewitt e Tom Nugent, publicada na revista *People* em 16 de abril de 1990.

Adorei compor a história da loucura coletiva de Gustave Le Bon por meio de Philip Zimbardo. Cinco pessoas foram incrivelmente generosas com seu tempo e conhecimento: Adam Curtis, Bob Neye, Steve Reicher, Alex Haslam e, principalmente, Clifford Stott. Clifford gentilmente me explicou os perigos da desindividualização em duas longas conversas por Skype. Recomendo o livro dele, *Mad Mobs and Englishmen? Myths and Realities of the 2011 Riots* [Multidões enfurecidas e ingleses? Mitos e realidades dos tumultos de 2011], em coautoria com Steve Reicher e publicado pela Constable & Robinson em 2011.

Minha pesquisa sobre a história de Le Bon me levou ao livro de Bob Nye, *The Origins of Crowd Psychology: Gustave Le Bon and the Crisis of Mass Democracy in the 3rd Republic* [As origens da psicologia das massas: Gustave Le Bon e a crise da democracia de massa na Terceira República], publicada pela Sage Publications em 1975, e à introdução de Nye à reedição da Transaction Publishers da edição da Dover de *Psicologia das multidões*, de Gustave Le Bon, publicado em 1995. Alguns detalhes sobre o relacionamento de Le Bon com a Sociedade de Antropologia de Paris vieram de *Nature and Nurture in French Social Sciences, 1859-1914 and Beyond* [Natureza e cultura nas sociedades sociais francesas, 1859-1914 e além], de Martin S. Staum, publicado pela McGill-Queens University Press em 2011. Descobri que entre os fãs de Le Bon estavam Goebbels e Mussolini ao ler *Fascist Spectacle: The Aesthetics of Power in Mussolini's Italy* [Espetáculo fascista: a estética do poder na Itália de Mussolini], escrito por Simonetta Falasca--Zamponi e publicado pela University of California Press em 2000, e *The Third Reich: Politics and Propaganda* [O Terceiro Reich: política e propaganda], escrito por David Welch e publicado pela Routledge em 2002.

Minha pesquisa sobre Philip Zimbardo me levou a "Rethinking the Psychology of Tyrany: The BBC Prison Study" [Repensando a psicologia da tirania: o estudo da prisão da BBC], escrito por Steve Reicher e Alex Haslam e publicado no *British Journal of Social Psychology* em 2006, e à réplica do Dr. Zimbardo, "On Rethinking the Psychology of Tyranny: The BBC Prison Study" [Sobre Repensar a psicologia da tirania: o estudo da prisão da BBC], publicado no mesmo periódico, no mesmo ano.

A citação de Gary Slutkin sobre os tumultos de Londres serem como um vírus veio do artigo do próprio Dr. Slutkin, "Rioting is a Disease Spread from Person to Person — the Key Is to Stop the Infection" [A rebelião é uma doença passada de uma pessoa para a outra — a chave é impedir a infecção], publicada no *Observer* em 13 de agosto de 2011. A citação de Jack Levin veio de "UK Riots: "We Don't Want No Trouble. We Just Want A Job" [Tumultos no Reino Unido: Não queremos confusão. Só queremos um emprego], escrita por Shiv Malik e publicada pelo *Guardian* em 12 de agosto de 2011. Foram o livro e a orientação de Clifford Stott que me levaram às duas matérias.

Minha entrevista com Malcolm Gladwell foi transmitida no *Culture Show* da BBC em 2 de outubro de 2013. Agradeço à diretora, Colette Camden, à produtora, Emma Cahusac e à editora do programa, Janet Lee.

Embora este livro esteja cheio de coisas novas, algumas frases foram autoplagiadas de uma coluna e uma matéria que escrevi para a revista *Guardian Weekend*. Estou me referindo à história sobre como meu próprio filho me obrigou a reencenar ter sido atirado em um lago, e minhas entrevistas com Troy e Mercedes Haefer do 4chan. Partes dessas entrevistas aparecem em minha matéria "Security Alert" [Alerta de segurança], que foi publicada pelo *Guardian* em 4 de maio de 2013. Agradeço a Charlotte Northedge, que editou a matéria.

Minha informação sobre Oswald Mosley e Diana Mitford veio de *The Mitfords: Letters Between Six Sisters* [Os Mitford: cartas entre seis irmãs], editado por Charlotte Mosley e publicado pela 4th Estate em 2007, e de *Hurrah for the Blackshirts! Fascists and Fascism in Britain Between the Wars* [Viva os camisas-negras! Fascistas e fascismo na Grã-Bretanha entre as guerras], escrito por Martin Pugh e publicado por Jonathan Cape em 2005. Também gostaria de agradecer a Jil Cove do Cable Street Group, um projeto de história criado para celebrar as pessoas que lutaram contra a União Britânica de Fascistas. Alguns detalhes biográficos sobre Max Mosley vieram da entrevista dele com John Humphrys no programa *On The Ropes* da BBC Radio 4, o qual foi transmitido em 1º de março de 2011, e também de "Max Mosley Fights Back" [Max Mosley revida], escrita por Lucy Kellaway e publicada no *Financial Times* em 4 de fevereiro de 2011. Também cito a adjudicação do juiz David Eady de 24 de julho de 2008 sobre Max Mosley *versus* News Group Newspapers Ltd., que pode ser lida em bbc.co.uk.

Soube a respeito do suicídio do pastor Arnold Lewis, do País de Gales, a partir de três fontes: *News of the World?: Fake Sheiks and Royal Trappings* [News of the World?: falsos xeiques e armadilhas reais], que foi escrito por Peter Burden e publicado pela Eye Books em 2009; *Tickle The Public: One Hundred Years of the Popular Press* [Provoque o público: cem anos da imprensa popular], escrito por Matthew Engel e publicado pela Phoenix em 1997; e as memórias autopublicadas de Ian Cutler, *The Camera Assassin III: Confessions of a Gutter Press Photojournalist* [O assassino da câmera III: confissões de um fotojornalista da imprensa marrom], que está disponível gratuitamente neste site: www.cameraassassin.co.uk.

Soube de David Buss — o autor de *The Murderer Next Door* — pela primeira vez no *Radiolab: The Bad Show*, que foi transmitido pela WNYC em 9 de janeiro de 2012. Foi um produtor do *Radiolab* — Tim Howard — que me colocou em contato com o antigo colaborador deles, Jonah Lehrer. Então agradeço a eles por isso também. *The Murderer Next Door* foi publicado pela Penguin em 2005.

Alguma informação sobre o círculo da prostituta de Zumba de Kennebunk veio da matéria "Modern-Day Puritans Wring Hands Over Zumba Madam's List Of Shame" [Puritanos dos dias atuais lavam as mãos sobre lista da vergonha de madame da Zumba], de Patrick Jonsson, que foi publicada em *Christian Science Monitor* em 13 de outubro de 2012.

Para mais informações sobre os dias de Larry Page e Sergey Brin em Stanford, recomendo "The Birth of Google" [O nascimento do Google], de John Battelle, que foi publicada na revista *Wired* em agosto de 2005.

Toda minha informação sobre a Stasi veio do genial *Stasilândia: como funcionava a polícia secreta alemã*, de Anna Funder.

Minha pesquisa sobre a trágica história de Lindsay Armstrong me levou a "She Couldn't Take Any More" [Ela não aguentou mais], que foi escrita por Kirsty Scott e publicado pelo *Guardian* em 2 de agosto de 2002. Meu agradecimento a Kirsty pela matéria e pela ajuda ao me colocar em contato com a mãe de Lindsay, Linda.

A foto de Lindsey Stone em Arlington, na página 219 foi tirada por Jamie Schuh.

Informações biográficas sobre Jim McGreevey vieram das memórias dele, *The Confession* [A confissão], publicadas pela William Morrow Paperbacks em 2007.

O copyright da foto de Drumthwacket na página 253 é ©ClassicStock/Alamy.

Para mais informações sobre a Prisão Walpole durante a década de 1970, recomendo *When The Prisoners Ran Walpole: A True Story In The Movement For Prison Abolition* [Quando os prisioneiros comandavam Walpole: uma história verdadeira sobre o movimento pela abolição das prisões], por Jamie Bissonnette, com Ralph Hamm, Robert Dellelo e Edward Rodman, publicado pela South End Press, em 2008; e *Violence: Reflections on a National Epidemic* [Violência: reflexões sobre uma epidemia nacional], de James Gilligan, publicado pela Vintage em 1997.

Em 1981, o senador do estado de Massachusetts Jack Backman escreveu uma carta aberta para a Anistia Internacional reclamando das condições dentro de Walpole. Usei algumas frases da carta em minha descrição da vida dentro da prisão. Agradeço ao antigo assistente de Backman, S. Brian Wilson, por publicar a carta na internet.

Um grande número de economistas, jornalistas e equipes de receita de publicidade on-line se ofereceu para me ajudar a entender como o Google pode ter lucrado com a humilhação de Justine Sacco. Agradeço muito a todos eles: Chris Bannon, Aarti Shahani, Jeremy Gin, Ruth Lewy, Solvej Krause, Rebecca Watson, Paul Zak, Darren Filson, Brian Lance, Jonathan Hersch, Alex Blumberg, Steve Henn e Zoe Chace.

Meu muito obrigado a Thomas Goetz pela ajuda em encontrar o inventor das placas de "sua velocidade", e a Richard Drdul por me deixar usar a foto que tirou de uma das placas na página 290.

Minha esposa, Elaine, foi uma leitora inicial genial, assim como meus editores, Geoff Kloske, na Riverhead, Kris Doyle e Paul Baggaley, na Picador, e Natasha Fairweather e Natasha Galloway na A. P. Watt/United Agents. Eles me ajudaram a pensar em maneiras de dar forma a este livro quando eu realmente precisei de ajuda. Obrigado também a Derek Johns, Sarah Thickett e Georgina Carrigan, da A. P. Watt/United Agents; a Casey Blue James, a Laura Perciasepe e a Elizabeth Hohenadel, da Riverhead; a Ira Glass, a Julie Snyder e a Brian Reed do programa *This American Life*; a Jim Nelson e a Brendan Vaughan da revista GQ; a Ashley Cataldo da American Antiquarian Society; a Toni Massaro da Universidade do Arizona; a Dan Kahan de Yale; e a Sarah Vowell, Jonathan Wakeham, Starlee Kine, Fenton Bailey, Geoff Lloyd, Emma-Lee Moss, Mike McCarthy, Marc Maron, Tim Minchin, Daniel e Paula Ronson, Leslie Hobbs, Brian Daniels, Barbara Ehrenreich, Marty Sheehan e Camilla Elworthy.

Meu maior agradecimento a meus entrevistados, principalmente a Jonah Lehrer, Justine Sacco, Lindsey Stone, Hank, Adria Richards e Raquel. Essas pessoas jamais tinham falado com um jornalista sobre o que lhes aconteceu. Pedi a elas que revivessem comigo alguns dos momentos mais traumáticos de suas vidas. Com algumas, foi preciso muita persuasão, e espero que achem que valeu a pena.

Este livro foi composto na tipografia Minion Pro Regular,
em corpo 11,5/15, e impresso em papel
off-white no Sistema Digital Instant Duplex da
Divisão Gráfica da Distribuidora Record.